Anke Johanningmann

Das Hexenhandbuch von Hexen für Hexen

aus dem

Hexenzeiten-Verlag

Anke Johanningmann

Das Hexenhandbuch von Hexen für Hexen

aus dem

Hexenzeiten-Verlag

Bibliografische Information der Deutschen Nationalbibliothek: Die Deutsche Nationalbibliothek verzeichnet diese Publikation in der Deutschen Nationalbibliografie; detaillierte bibliografische Daten sind im Internet über http://dnb.d-nb.de abrufbar.

© 2020 Anke Johanningmann – Hexenzeiten-Verlag
Auflage 2
Herausgeber: Hexenzeiten-Verlag
Autor: Anke Johanningmann
Umschlaggestaltung, Illustration: Fotos-AmGrenzwert
weitere Mitwirkende: Hexenzeiten-Forum
Herstellung und Verlag: BoD - Books on Demand, Norderstedt
ISBN: 9783751949989

EINLEITUNG

»Wir sind Hexen«, beginnt das Credo eines von uns — aber darf man so etwas überhaupt sagen? Heute, im zwanzigsten Jahrhundert, inmitten von Hochhäusern und automobilen Blechlawinen? Im Zeitalter der Atomwaffen und der Elektronik, des Video und der Satelliten — High —Tech, der Raumfahrt und der Gentechnologie? Glauben an den alten Kult — eine nostalgische Rückkehr in frühere, „bessere" Zeiten, die Sehnsucht nach dem Mutterschoß der Tradition, nach dem gütigen Busen der uns liebkosenden Natur? Schwärmerei bloß, wirklichkeitsfremd?

Gewiss, all dies kann der Hexenkult auch sein, ja er ist es bisweilen tatsächlich. Und doch gibt es seit Jahrtausenden Menschen, die zwischen Himmel und Erde, wie Hamlet es bekanntlich ausdrückt, mehr erkennen, als unsere Schulweisheit sich erträumen lässt. Das magische Weltbild ist weitaus älter als das naturwissenschaftliche, wie wir Europäer es heute begreifen. Hinter der Magie der Hexen steht mehr als nur der Selbstbetrug verwirrter, leichtgläubiger Geister. Was den Hexenkult angeht, den wir hier praktisch und theoretisch vorstellen möchten, so ist es für ihn das Ziel, Transzendenz und Macht zu erlangen. Beide Begriffe (sie werden sehr oft falsch verstanden!) sollen noch ausführlich erläutert werden.

Unsere Realität ist nicht so vordergründig, wie es uns der vorherrschende Materialismus weismachen will. Unsere Zauber funktionieren — und unsere alten Götter sind noch lange nicht tot! Wir Hexen erleben dies Tag für Tag — auch in Hochhäusern und auf betonierten Parkplätzen, wenngleich wir die Natur hochschätzen, ja sie gewiss mehr achten als die zerstörerische Technokratie und Fortschrittsgläubigkeit, die unsere Umwelt binnen kürzester Zeit zur Müllruine und zur Gifthalde gemacht haben. Wir suchen —und finden — ihre Mysterien, wir wollen ihre Kräfte ergründen und mit ihnen schöpferisch, konstruktiv umgehen. Sie sollen dem Leben dienen, und nicht der Vernichtung; der Freude, und nicht der Frustration, denn sie sind es, die uns hervorgebracht haben und uns am Leben erhalten. Das pulsierende Strömen der Kräfte, die Offenbarung der Großen Göttin und des Großen Gotts, das Erlebnis der Gemeinschaft im Covern (dem »Hexenzirkel«) —all dieses und noch mehr macht den Hexenkult aus.

Wir schreiben hier nieder, was uns bewegt und was wir praktizieren. Der Hexenkult ist von äußerster Vielseitigkeit: jede Hexe lebt im Grunde ihre ureigene Version dieser Weltanschauung und Philosophie. Für die eine ist der Kult eine Religion, für die andere eine Zaubertechnik; Einzelgänger arbeiten neben Gruppen, Gruppen arbeiten mit anderen zusammen oder kapseln sich von allen Außenseitern ab; es gibt feministische Hexen, die nur den Weg der Göttin gehen; andere wiederum verehren beide gleichrangig, den Gehörnten und die Göttin. Viele von uns arbeiten nackt, vorzugsweise im Freien, andere dagegen bekleidet, häufig in Wohnungen und Häusern, denen man es nicht von außen ansehen würde. Manche gar verzichten auf jeden Ritus, ja sogar die Götter sind ihnen vergleichsweise gleichgültig, sie gehen allein den Weg der Zaubermacht. Wir wollen hier nicht richten, wen wir »schon« oder »noch« zu den Unsrigen zählen, wen wir als »echte Hexe« bezeichnen sollen und wen nicht. Der Hexenkult macht frei, der individuelle Mensch steht im Vordergrund, jeder ist sein eigener Priester, seine eigene Priestern. Unsere Hierarchien sind sanft — oft dienen sie allein der besseren Koordinierung von Gruppenaktivitäten. Manche Hohepriesterinnen und Hohepriester freilich führen auch ein strengeres Regiment. Niemals aber wird ein Teilnehmer dazu gezwungen, etwas zu tun, was seinem Wahren Willen widerstrebt. Wer mit der Linie eines Coverns nicht einverstanden ist, scheidet aus der Gruppe aus und macht seine eigene auf — die Kraft strömt weiter und Sie beseelen immer mehr, immer neue Menschen, die Vielfalt blüht. Wir kennen keine Päpste und keine Gurus, folgen wir Anführern, so geschieht dies immer nur freiwillig. Dennoch achten wir unsere Lehrer, manchmal benennen wir uns nach ihnen, doch auch dies ist keine unumstößliche Regel. Es gibt ökologisch orientierte Hexengruppen, die mit ihrer Magie versuchen, etwas dazu beizutragen, dass unsere Mutter Erde wieder von den Geschwüren geheilt wird, mit der der Mensch sie in seinem dummen Allmachtswahn injiziert hat. Manche von uns sind auch offen politisch engagiert, andere ziehen die Arbeit in der Stille des Heims und der Verschwiegenheit des Covens vor.

Es gibt Hexen und es gibt Heiden. („Neuheiden" nennt sie der Religionswissenschaftler.) Heiden verehren die alten Götter und pflegen vor allem die Mystik, fast nie jedoch üben sie Zauber aus und betreiben die Magie der Naturkräfte. Wer Heide ist, muss deswegen noch lange nicht auch Hexe sein. Die meisten Hexen dagegen sind jedoch auch Heiden. Es sind auch Mystiker darunter, tiefreligiöse Menschen, denen die Magie nebensächlich erscheint. Dennoch verfügen sie über magisches Wissen und über magische Erfahrung — denn Hexe sein heißt immer auch, den Weg der Tat zu beschreiten. Die wenigsten von uns interessieren sich sonderlich für hochtrabende philosophische System, wir nutzen zwar unseren Intellekt, wo dies angezeigt erscheint, doch gilt er uns als Diener, nicht als Herr.

Wir lieben den Körper und die Sinnesfreuden, kaum ein anderer Kult kennt so viele fröhliche Gesichter wie der unsere. Wir genießen das Leben und feiern es - im Ritual, mit der Gruppe, allein, in der Natur, aber auch in den Städten. Wir gehen zumeist ehrbaren bürgerlichen Berufen nach, nur selten wird man uns erkennen. Unter uns sind Menschen aller Bildung—, Alters— und Einkommensschichten: vom Schüler bis zum Rentner, vom Arbeiter bis zum Hochschulprofessor, vom Arzt bis zum Staatsanwalt, vom Kraftfahrer bis zum Handwerker, Männer, Frauen, ja auch Kinder zählen zu unseren Reihen, Alt und Jung, reich und arm.

Wenn einige von uns christenfeindlich wirken, so hat das seine guten Gründe: Abgesehen von der Körperfeindlichkeit, mit der das Christentum unsere frühe Kultur zerstörte, waren wir es, die im Mittelalter zu Hunderttausenden Opfer der „heiligen" Inquisition wurden, gefoltert, gepeinigt, verstümmelt, verbrannt. Man ging mit uns um, wie man später mit den Ureinwohner Amerikas und Australiens, Mirkas und Asiens umging - Demütigung, Marter und Tod standen auf dem Banner unserer kirchlichen Widersacher, nur eine tote Hexe war für sie eine gute Hexe. Solche Wunden heilen nur langsam.

Und die Scheiterhaufen von früher glimmen noch, sie sind keineswegs erloschen. Heute treibt man uns zwar nicht mit Peitschenhieben über Marktplätze und Acker, zwingt man uns zwar nicht die schmerzlichen Liebkosungen der

Daumenschrauben und der eisernen Jungfrauen, der Streckbänke und der Nagelzangen auf — aber die Verfolgung ist nach wie vor im Gange, auch wenn sie sich „zivilisierter" gibt. Nur wenige von uns können es sich erlauben, ihre Zugehörigkeit zum Kult preiszugeben. Das wissen sensationsgierige Medien und bigotte Spießbürgerlichkeit gründlich zu verhindern. Jedes Jahr aufs Neue ertönt das Horn zur Pressetreibjagd auf »Satanisten« und »Sex Kulte«, auf »Schwarzmagier« und »Teufelssekten« — und immer sind auch wir damit gemeint, wirft man uns Hexen bedenkenlos in einen Topf mit allem, was der kirchlich beherrschten Mehrheit missfällt.

Diese Hetze gegen Andersdenkende bewirkt, dass die meisten von uns um ihre Existenz fürchten müssen — weshalb auch wir, die Autorinnen und Autoren dieses Buchs, anonym bleiben wollen. Man stelle sich nur einmal die schwierige Situation beispielsweise eines Richters oder Klinikchefs vor, von dem bekannt wird, dass er dem Hexenkult angehört! Aber auch in kleinen, dörflichen Gemeinschaften wacht das Auge stockreaktionärer »Sittenwächter« über alles, was nach »Andersartigkeit« aussieht — und bis zur offenen Verfolgung ist es dann nur ein kleiner Schritt. Das sind keine vagen Befürchtungen, die Praxis hat jene von uns leider immer wieder auf schmerzlichste Weise eines Besseren belehren müssen, die glaubten, man könne auf die angebliche »Toleranz« unserer Gesellschaft vertrauen!

Dort, wo sich früher unsere heiligen Kultstätten befanden, stehen heute meistens Kirchen — man hat uns unserer kulturellen, religiösen und weltanschaulichen Wurzeln beraubt, aus unseren Göttern machte man Teufel und Dämonen, Zerrbilder unseres Glaubens wurden verlacht und als Verirrungen abwegiger Geister verhöhnt. Eine Wiedergutmachung für verfolgte Hexen hat es nie gegeben, ja nicht einmal distanzieren mochten sich die Kirchen von ihren Ausschreitungen, kein Wort der Entschuldigung ist gefallen. Und da der Schoß immer noch fruchtbar ist, aus dem all dies kroch, nimmt es nicht wunder, wenn wir uns tarnen, wenn wir uns nur jenen offenbaren, denen wir vertrauen dürfen, für die der Verrat ein Fremdwort ist.

Dennoch sind wir trotz alledem nicht wirklich Anti— christlich, denn Kirche und Christentum sind nicht dasselbe, wie jeder wahre Christ nur zu gut weiß. Unser Kult predigt und lebt Toleranz und kennt weder Missionierung noch Kreuzzüge oder heilige Kriege gegen Andersdenkende. Jeder Christ, der guten Willens ist, ist uns Hexen willkommen — aber gilt das auch umgekehrt?

So sind wir zwar meistens unsichtbar — und doch gibt es uns, und zwar in immer größerer Zahl. Man hat uns nicht ausrotten können, und wir hoffen auf den Tag, da wir offen unserer neuen alten Religion nachgehen können, da man unsere Riten endlich wieder respektiert und uns wirken lässt zugunsten einer Befreiung des Menschen von den Ketten seiner eigenen Ignoranz, zugunsten einer Heilung der Erde, auf dem Weg zur neuerlichen Einsendung von Mensch und Kosmos.

Vieles von dem, was nun folgt, entspringt unserer eigenen, persönlichen Praxis. So vielseitig wie der ganze Hexenkult ist, so unterschiedlich sind auch die Praktiken verschiedener Hexen im Einzelnen. Wir kennen keine Dogmen, deshalb haben wir auch versucht, gewissermaßen den »kleinsten gemeinsamen Nenner« des Hexenkults zu beschreiben und praktische Anregungen zu geben, wie sie der Erfahrung sehr vieler Hexen entsprechen.

Dieses Buch wendet sich in erster Linie an Nichthexen und an solche Menschen, die vielleicht einmal Hexen werden wollen. Wer bereits im Hexenkult engagiert ist, dem wird es wahrscheinlich nur wenig Neues bieten, dafür aber doch auch einen sicherlich nützlichen Überblick darstellen, der bislang in der Literatur in dieser Form leider nicht zu finden war. Im Anhang finden sich Interviews mit Hexen, die sich zu verschiedenen Aspekten des Kults äußern. Es ist auch viel Kritik darin, und das ist gut so, denn es zeigt, wie offen wir unter uns reden und wie sehr wir darauf achten, nicht betriebsblind zu werden und uns in unfruchtbare Isolation zu verirren.

Bitte beachten Sie auch, dass wir hier nur in unserem eigenen Namen sprechen und nicht etwa als Vertreter aller Hexen dieser Welt. Sehen Sie es nicht als Widerspruch an, wenn die eine oder andere Hexe etwas anders arbeiten, andere Schwerpunkte legen oder sogar radikal von unserer Praxis abweichen sollte. Gerade diese Vielfalt macht den Hexenkult so bunt und interessant, und sie war es auch — im Dienste der Götter—, die dafür sorgte, dass man uns trotz aller Bemühungen doch nicht gänzlich ausrotten konnte, denn wo die Einheitlichkeit dem Individuellen untergeordnet wird, lässt sich der Gegner nur schwer fassen. Der Hexenkult ist tatsächlich recht anarchisch in dem Sinne, dass es keine zentrale Autorität und Hierarchie gibt, die eindeutige Leitlinien festlegen und allgemeingültige Anweisungen geben könnte.

Und nun wollen wir Sie in der lebendigen, schillernden, faszinierenden Welt der Hexen willkommen heißen und Sie Ihnen möglichst praxisnah zeigen, sodass Sie jederzeit daran teilhaben können, wenn Sie wollen.

1. Kapitel ZUR GESCHICHTE DES HEXENKULTS

Die Schamanen des Abendlandes

Über die genaue Geschichte des Hexenkults herrscht wenig Einigkeit, auch unter den Hexen selbst nicht Das hat viele Gründe. Zum einen stammen die meisten Zeugnisse über Hexen aus den Federn ihrer Gegner, etwa von den Mitgliedern der Inquisition, aus den Protokollen der Hexenprozesse und so weiter. Zum anderen waren Hexen — ob sie sich selbst nun als Angehörige eines Kulis begriffen oder nicht — zumeist arme, gewöhnliche Menschen ohne eigene Buchkultur. Vergessen wir nicht, dass Lesen und Schreiben lange Zeit ein Privileg der herrschenden und begüterten Klassen und des Klerus war. Ferner haben Jahrhunderte der Verfolgung und Ausrottung manche Spur verdeckt oder völlig zerstört. Auch das Schweigegebot, das viele Hexen, vor allem jene, die einem Covern angehören, sehr ernst nehmen, hat nicht eben dazu beigetragen Licht in das Dunkel zu werfen. Und schließlich mag manches zum Hexenkult zu zählen sein, was im Laufe der Zeit unter einem anderen Namen bekannt wurde, zum Beispiel der Schamanismus.

Viele Hexen glauben, dass der Kult die Überreste einer Ur—Religion darstellt, die weitaus älter ist als Christentum, Buddhismus, Hinduismus und alle anderen Weltreligionen, und die bis in die Steinzeit zurückreicht. Manche von ihnen führen ihre Tradition auf die megalithischen Kulturen zurück andere sehen im Schamanentum, das nachweislich mindestens 60.000 Jahre existiert, ihren Ursprung. Im Geheimen soll diese Religion trotz Unterdrückung und Verfolgung bis in unsere Zeit überlebt haben.

Was meint der profane Geschichtswissenschaftler dazu? Nun, auch unter Historikern gibt es keine einheitliche Meinung. Keine geringere als die vielfach ausgezeichnete englische Ägyptologin und Anthropologin Margaret Murray (1863—1963) machte sich unter den Geschichtswissenschaftlern unbeliebt, als sie 1921 in einem Buch (The Witch Cult in Western Europe = Der Hexenkult in Westeuropa) die Theorie vertrat, dass es sich beim Hexenkult um eine organisierte, vorchristliche Religion Europas handelt. Sie sprach auch vom »Kult der Diana« und erregte sehr viel Aufsehen. Ja ihre Thesen fanden sogar Eingang in die Encyclopaedia Britannica von 1921, aus späteren Ausgaben wurde ihr

Beitrag jedoch wieder entfernt, wohl weil er als zu unorthodox galt. Der überwiegende Teil der akademischen Fachwelt lehnte Murrays Arbeit radikal ab. Sie konterte, indem sie 1933 ein zweites Buch über Hexen herausbrachte, The God ofthe Witches (= Der Gott der Hexen), das allerdings erst nach dem Zweiten Weltkrieg größere Beachtung fand. Und schließlich erschien 1954 das wohl umstrittenste Werk von allen, The Divine King in England (= Der Göttliche König in England), worin sie behauptete, dass viele frühe englische Könige durch Ritualmord starben und dass das Königtum auf dem Menschenopfer des Heiligen Königs beruhte, wie es viele sogenannte Primitivreligionen kennen.

Wenn Margaret Murray auch das große Interesse am Hexenkult erst richtig entfachte, war sie doch nicht die erste, die zu der Überzeugung gelangte, dass es sich beim Hexenkult um die Alte Religion handelt. Schon 1899 veröffentlichte der amerikanische Mythenforscher und Hexer Charles Godfrey Leland (1824—1903) sein Werk Aradia, or the Gospel ofthe Witches (= Aradia, oder das Hexenevangelium).

Im Gegensatz zu Margaret Murray wissen wir von ihm, dass er in die Alte Religion eingeweiht wurde, nämlich in Italien. Bei Aradia handelt es sich um eine Sammlung italienischer Hexentexte, die Leland mitgeteilt bzw.

übergeben wurden, und noch heute zehren viele Mitglieder des Hexenkults von der wunderschönen, Poesie dieses Werks.

Bereits zwei Jahre vor Leland, also 1897, veröffentlichte der deutsch—polnische Literat und Okkultist Stanislaw Przybyszewski seine Aufsatzreihe Synagoge des Satans, in derer, mit einigen Abweichungen, ähnliche Thesen über den Ursprung des Hexenkults als europäische Ur—Religion vertrat, den er allerdings mit dem Satanismus gleichsetzte. Auf diese häufig zu findende Gleichsetzung werden wir noch zurückkommen.

Sowohl Leland als auch Murray sahen im Hexenkult einen Nachfahr des Kults, der sich um die Mondgöttin Diana rankte, und viele heutige Hexen, besonders die eher feministisch ausgerichteten, sind ebenfalls dieser Ansicht. Auch diese Auffassung ist bereits älter: In seiner Studie über den mitternächtlichen Hexensabbat aus dem Jahre 1749 schreibt Girolamo Tartar Otti, dass dänischer Kultus und zeitgenössische Hexerei nachweislich eins seien.

Immerhin verdanken wir Hexer Leland als erstem die Anerkennung unserer Religion. Er verzichtete auf die üblichen Klischees und abweisenden Bemerkungen, wovon Tartar Otti und Przybyszewski noch nicht frei sind, und nahm unser Tun ernst. Zusammen mit Margaret Murray kommt ihm das Verdienst zu, den Hexenkult

»salonfähig« gemacht und breiteren Bevölkerungsschichten bekanntgemacht zu haben.

Inzwischen hat es noch zahlreiche weitere akademische Studien gegeben, die sich mit den unterschiedlichen Erscheinungsformen des Hexenkults und seinen Ursprüngen — auch den urzeitlichen — befassen. Die Dokumente, die für ein sehr frühes Auftreten des Hexenwesens Sprechens sind zahlreich, auch wenn wir bei ihrer Deutung häufig auf Vermutungen angewiesen sind. Vielen Hexen genügt das bloße Behaupten eines urzeitlichen Ursprungs, doch wollen wir hier etwas gründlicher vorgehen und Pro und Kontra deutlicher gegeneinander abwägen, als dies sonst in der Hexenliteratur üblich ist.

Die vielleicht älteste Darstellung einer Hexe stammt aus dem Paläolithikum und findet sich im heutigen Algerien. Das Felsbild zeigt eine Frau mit zur Anrufung ausgebreiteten Armen. Vor ihr kauert ein Mann mit schussbereiten Pfeil und Bogen, vor dem Mann wiederum befindet sich Wild. Er zielt gerade auf einen straußähnlichen Vogel. Von den Geschlechtsteilen der Frau verläuft eine Kraftlinie zu den Genitalien des Mannes, und es scheint offensichtlich, dass sie ihn mit einem Zauber bei der Jagd unterstützt. Zudem ist sie größer dargestellt als der Mann, mit Amuletten behängt, was ihre Wichtigkeit unterstreicht. Aus der Steinzeit stammt ein Felsbild im französischen Artige. Dort findet sich in der Höhle Trois Freres die Darstellung eines Zauberers: eine tanzende Gestalt, halb Mensch, halb Tier. Er trägt ein Geweih, und wir Hexen sehen darin ein Abbild des Gehörnten Gotts.

Übrigens war es die Erkenntnis, dass das Erscheinen des »Teufels« beim ominösen Hexensabbat, wie von der Inquisition immer wieder beschrieben, in Wirklichkeit das Auftreten des Gehörnten Gotts war (der im Ritual durch einen Mann mit Geweihmaske dargestellt wurde) für Margaret Murray der entscheidende Anstoß zur Erforschung des Hexenkults. Ein steinzeitliches Felsbild im spanischen Cogul zeigt eine Reihe von Frauen beim Hexenritual, die im Kreis um einen nackten Mann tanzen.

Überhaupt beweisen die urzeitlichen Felsbildnisse, wie stark das Leben des damaligen Menschen von Kultus und Magie geprägt war. Fruchtbarkeitszauber spielten in einer Jäger— und Sammlergesellschaft eine herausragende Rolle, und der Fruchtbarkeit und dem Schutz vor Naturkatastrophen diente auch der Dienst an den Alten Göttern.

Interessante Parallelen zu den hier geschilderten Darstellungen bietet auch der präkolumbianische Codex Fejervary — Meyer aus Mexiko: Er zeigt das Bild einer nackten Hexe mit einem Spitzhut, die auf einem Besenstiel reitet! Wie diese Entsprechung zu europäischen Abbildungen von der Hexe beim »Flug auf dem Besenstiel« zu erklären ist, stellt die Welt der Gelehrten vor ein noch immer ungelöstes Rätsel.

Weibliche und männliche Elemente im Hexenkult

In der letzten Eiszeit tauchen zahlreiche Frauenstatuetten auf, üppig geformt, oft schwanger, und auch viele Felsreliefs zeigen ähnliche Darstellungen. Man denke etwa an die berühmte »Venus von Willendorf« oder an die »Venus von Laussel« mit ihrem Rinderhorn. Auch die profanen Historiker und Anthropologen haben aus dem starken Überwiegen weiblicher Figuren gegenüber männlichen Gestalten auf einen matriarchalischen, Kult geschlossen, bei dem das weibliche das männliche Element deutlich überwog. (Ähnliche Überlegungen finden sich beispielsweise auch in der Matriarchatsdiskussion innerhalb der heutigen Frauenbewegung.) Erst sehr viel später sollen, vor allem mit dem Aufkommen jüdisch—christlicher Traditionen, patriarchalische, männlichkeitsorientierte Vorstellungen den Mutter— und Göttinnen Kult abgelöst haben.

Bei genauerer Untersuchung zeigt sich auch, dass es sowohl mit dem männlichen Geschlecht als auch mit dem monotheistischen Ausschließlichkeitsanspruch beispielsweise des biblischen Gotts gar nicht so weit her ist. Das Buch Genesis bezeichnet den Schöpfergott als ELOHIM. Al (= Elf) ist die hebräische Wurzel für »das Göttliche, von Gott kommend«, doch handelt es sich bei ELOHIM um eine weibliche Pluralform! Es deutet also vieles darauf hin, dass die Gottheit ursprünglich zweigeschlechtlich (auch »androgyn« genannt) gesehen wurde. Wir wissen auch aus alten Überlieferungen, dass die Anhänger des syrischen Baals Kults ihren Gott mit den Worten anzurufen pflegten: »Erhöre uns, Baal! Ob du Gott seist oder Göttin! « Androgyne Gottheiten finden sich weltweit, Mithras wurde gelegentlich als zweigeschlechtlich bezeichnet, ebenso der griechische Hermes beziehungsweise der römische Merkur. Das gleiche gilt für Dionysos, der auch die Bezeichnung Diphues trug, was »zweigeschlechtlich« bedeutet. Sowohl Venus als auch Astarte wurden nicht nur in weiblicher Form allein verehrt sondern gelegentlich auch in mannweiblicher, bärtiger Form.

Die Vorstellung von einer zweigeschlechtlichen Schöpfergottheit ist also uralt. In Lelands Aradia freilich wird vor allem die Rolle der Göttin als ursprüngliches Wesen vor der Schöpfung betont: „Diana wurde erschaffen vor aller Schöpfung; in ihr waren alle Dinge; aus sich selbst heraus, aus der ersten Finsternis, teilte sie sich; in Finsternis und Licht wurde sie geteilt. Luzifer, ihr Bruder und Sohn, sie selbst und ihre andere Hälfte, war das Licht. «

Wie allgemein beim Problem der Geschichte des Hexenkults gibt es also auch in diesem Punkt keine eindeutige Klarheit, nicht einmal unter uns Hexen selbst. Die Tatsache, dass sich Darstellungen des Gehörnten Gotts und der Großen Göttin, wie wir sie verstehen, bereits in grauer Vorzeit finden lassen, stellen allein natürlich noch keinen wirklichen Beweis für das hohe Alter unserer Religion dar. Und es ist auch kein Geheimnis, dass ein Großteil des heutigen Hexenkults erst durch die in England lange nach dem Zweiten Weltkrieg einsetzende Wicca—Bewegung entstanden ist. Letzten Endes sind jedoch alle Hexen der Meinung, dass sich der Wert eines Rituals oder gar eines ganzen Kults nicht allein an seinem — echten oder vermeintlichen — hohen Alter bemessen lässt. So uralt der Hexenkult höchstwahrscheinlich auch sein mag, muss er doch stets aufs Neue durch die unmittelbare, persönliche Praxis belebt werden. Skeptikern sei gesagt, dass es nie wirklichen Stillstand geben kann und dass man es auch dem Hexenkult zugestehen muss, dass er sich weiterentwickelt. Tatsächlich ist die Frage nach der historischen »Wahrheit« im akademischen Sinne für jede echte Hexe völlig unerheblich: Was für uns vielmehr zählt, ist die magische, die mythische Wahrheit, ein Begriff, auf den wir später, im übernächsten Kapitel, noch näher eingehen werden.

Der Hexenkult als Erbe des Schamanismus

Viele Hexen sehen im Schamanismus den Vorläufer des heutigen Hexenkults. Darunter verstehen wir freilich nicht allein den Schamanismus Sibiriens, wie diese lange Zeit in der Ethnologie der Fall war. In den letzten Jahrzehnten hat es einige Bemühungen gegeben den Begriff Schamanismus etwas weiter zu fassen, und wir Hexen sind damit sehr einverstanden.

Charakteristisch für den Schamanismus ist vor allem der magische Umgang mit der Natur und ihren offenbaren und verborgenen Kräften. Tier—, Pflanzen— und Steinenergien spielen im Hexenkult eine große Rolle, ebenso natürlich die Alten Götter und die Zauberei. Der Schamanismus trägt zwar oft stark religiöse Züge, doch ist ihm jede hierarchische Institutionalisierung fremd, er kennt weder Kirchen noch Päpste, er ist ebenso rationalistisch wie unser Hexenkult. Auch viele technische Übereinstimmungen lassen sich beobachten, etwa wenn sowohl Schamane als auch Hexe mit Geistern und Geistreisen arbeiten, mittels Kristallen die Zukunft vorhersagen, beim Ritual tanzen und einen Energiekegel herstellen, magische

Fernbeeinflussung zum Heilen wie zum Schaden durchführen, Wetterzauber verhängen und so weiter. Tatsächlich erfüllte beispielsweise die weibliche oder männliche Hexe des Mittelalters oder der Dorfgemeinschaften unserer Tage dieselben Funktionen wie es der Schamane oder die Schamanin bei Naturvölkern zum Teil noch heute tut: Beide werden als Zauberkundige um Rat angegangen, und man nimmt auch ihre aktiven Dienste in Anspruch, beispielsweise bei der Verhängung von Liebeszaubern, der Ladung von Amuletten und ähnlichem. Andererseits ist auch die Funktion des Heilers oder der Heilerin gefragt, sei es bei der Auswahl von Heilkräutern oder bei der unmittelbaren Heilung durch Rituale und volksmedizinische Mittel. Die Rolle des Psychiaters umfasst die Behandlung seelischer Störungen und die Wiederherstellung des geistigen Gleichgewichts, was oft in Form von Exorzismen geschieht. Während der Schamane Geistreisen in Ober—, Mittel— oder Unterwelt durchführt, häufig unter Zuhilfenahme von Trancetechniken und heiligen Drogen, begibt sich die Hexe ebenfalls in Trance und unternimmt Astralreisen an andere Orte (zum Beispiel zum mystischen Blocksberg), ebenfalls mit Hilfe von trancefördernden Praktiken, gelegentlich auch mit der berüchtigten Flugsalbe.

Die Unterschiede zwischen Schamanismus und Hexentum sind überwiegend geschichtlich zu erklären. Wir müssen uns vor Augen halten, dass der Schamane fast immer in einer Stammesgesellschaft lebt, in der er eine anerkannte und geachtete Rolle spielt. Durch seine Zauber verhilft er der Gemeinschaft beim Aufspüren des für das Überleben wichtigen Wilds, sorgt für Regen und unterstützt die Krieger beim Kampf.

Deshalb hat es niemals Schamanenverfolgungen gegeben (außer durch Missionare anderer Völker und Religionen), und darüber hinaus stand und steht der Schamane in völligem Einklang mit den religiösen Vorstellungen seiner Stammesgenossen. Aus diesem Grunde konnte er auch stets die Funktion des Priesters übernehmen. Auch im Schamanismus gibt es ein leichtes Übergewicht weiblicher Aktivität, es gibt noch heute mehr Schamaninnen als Schamanen, doch gelten Mann und Frau als gleichberechtigt. Sogar die Gottheiten der Schamanen weisen häufig starke Ähnlichkeiten mit denen des Hexenkults auf, Muttergottheiten und gehörnte Götter sind im Schamanismus keine Seltenheit.

Die Hexe des Abendlandes dagegen sah sich schon früh, nämlich mit dem Auftreten und der Ausbreitung des Christentums, in den Untergrund gedrängt. Zwar setzten die Inquisition und damit die eigentliche Hexenverfolgung erst einige Jahrhunderte nach der Bekehrung Europas zum Christentum ein, doch der Kampf gegen das Heidentum wurde schon von Anfang an geführt, also vor dem zehnten Jahrhundert. Die Anhänger der alten Religion müssten mehr oder weniger hilflos zulassen, dass ihre alten Kultstätten von Kirchen überbaut wurden, und oft blieb ihnen nichts anderes übrig als sich zum Schein zum Christentum bekehren zulassen, um diese Kultstätten noch aufsuchen zu dürfen. So wundert es auch nicht, dass das Hexentum des Mittelalters deutlich christliche Züge trägt. Vergleichbares lässt sich etwa in Mittel— und Lateinamerika beobachten, wo das Christentum von der einheimischen Bevölkerung aufgrund der Zwangsmissionierung zwar notgedrungen angenommen, dafür aber auch mit altheidnischen Elementen »unterminiert« wurde. Auch der Voodoo Haitis stellt, wie überhaupt viele afrokaribische Kulte eine Mischform afrikanisch—heidnischer und europäisch—christlicher Elemente dar.

Weil sie schon bald nur noch im Verborgenen arbeiten konnte, verlor die Hexe ihre Rolle als Priester oder Priestern für die gesamte Gemeinschaft Einzelne — oft auch zahlreiche — Mitglieder dieser Gemeinschaft nahmen ihre sonstigen Dienste zwar weiterhin in Anspruch, doch geschah all dies nur unter äußerster Geheimhaltung und unter Gefahr für Leib und Leben aller Beteiligter. Noch heute gibt es beispielsweise im Allgäu, in der Heide und in den Schweizer Alpen Gegenden, wo die alteingesessenen

Dorfbewohner es vorziehen, bei Erkrankung zuerst den Seiler oder die »Weise Frau« aufzusuchen, bevor sie zu einem gewöhnlichen Arzt gehen. Welcher Landbewohner kennt nicht irgendeinen Menschen in seiner Umgebung, der dafür bekannt ist, dass er »Warzen besprechen« kann oder das »Zweite Gesicht« besitzt?

Dennoch würden sich diese Leute nur in den seltensten Fällen als »Hexen« oder gar als »Anhänger des Hexenkults« bezeichnen. Oft sind es gläubige Christen und politisch stramm bürgerlich wählende, »ganz normale« Mitglieder der Gemeinschaft, die sich von den anderen lediglich durch ihre etwas ungewöhnlichen Fähigkeiten und Kenntnisse unterscheiden (und die deswegen nicht selten von diesen anderen insgeheim oder offen gefürchtet werden). Immerhin: Laut einer UNESCO—Studie vom Anfang der sechziger Jahre war die Bundesrepublik Deutschland das Land mit der weltweit prozentual höchsten Anzahl an behördlich registrierten Anzeigen wegen Hexerei! Es ist sicherlich interessant zu erwähnen, dass es einige Indizien dafür gibt, dass sowohl die Gnostiker als auch die Templer Elemente des Hexenkults kannten. So soll der gnostisch-templerische Baphomet eine Darstellung des Gehörnten gewesen sein.

Die Verfolgung der Frau hat den Hexenkult stark geprägt. Wurde sie in urgeschichtlicher Zeit, wie die archäologischen Funde zeigen, als Mutter und Zauberin verehrt, wurde sie wegen ihrer Fruchtbarkeit als Erhalterin der Art anerkannt, wurde ihre - im Vergleich zum Mann - schier unerschöpfliche sexuelle Leistungsfähigkeit bewundert, so erzeugte all dies doch umgekehrt auch die Angst vor der Frau als Hexe. Daraus leitet sich auch — leider völlig logisch — ihre spätere Unterdrückung durch den Mann ab, wie wir es auch schon bei der »Vermännlichung« der Urgottheiten gesehen haben. Die christliche Dreifaltigkeit kennt zwar Gott den Vater und Gott den Sohn, doch Gott die Mutter oder Gott die Tochter sind darin nicht vorgesehen. Wie groß das dadurch erzeugte Manko ist, zeigt die große Bedeutung, die der Marienkult in der katholischen Kirche schon bald gewann. Dieser ging sogar streckenweise so weit, dass er von der Kirche gelegentlich gewaltsam gezügelt wurde. Wie anders wir Hexen dagegen mit diesem Aspekt der Natur und des Göttlichen umgehen, werden wir im dritten Kapitel dieses Buchs schildern.

Ein Problem bei der zeitlichen Datierung des Hexentum, auch für uns Hexen, ist die noch ungeklärte Rolle, welche die mündliche Überlieferung gespielt hat. Es gibt zahlreiche Familien, in denen Hexenwissen vererbt wird, und niemand weiß wirklich, wie »alt« oder gar »ursprünglich« dieses Wissen tatsächlich ist. Im nächsten Abschnitt wollen wir uns mit einem der wichtigsten

Aspekte des heutigen Hexenkults beschäftigen, der dies noch deutlicher machen wird.

DER HEXENKULT HEUTE - WICCA

Im Jahre 1949 erschien in England der Roman High Magics Aid (= Die Hilfe Hoher Magie) von Gerald Brosseau Gardner. Mit diesem und späteren Werken über den Hexenkult löste er reges Interesse aus, und als 1951 der englische Witchcraft Act abgeschafft wurde, der einige hundert Jahre lang jede Betätigung als Hexe unter Todesstrafe gestellt hatte, konnte die neue (oder neuentdeckte) Bewegung, die sich Wicca nannte, aufblühen. Das Wort Wicca leitet sich ab vom altenglischen wiccian, »hexen«; wicca bedeutet »männliche Hexe«, wicce dagegen »weibliche Hexe«, die Pluralform lautet wiccan. Wir Hexen benutzen das Wort Wicca heute für alle drei Formen und übersetzen es als »weise«. (Schon immer waren die »Weisen Frauen« und »Weisen Männer« Hexen in unserem Sinne.) Das neudeutsche Wort »Hexe« stammt dagegen vom althochdeutschen hagzissa bzw. hagazussa ab und bedeutet so viel wie »die auf dem Zaun [zwischen den Welten] Sitzende/Reitende«. Auch hierin wird die schamanische Rolle der Hexe deutlich, die »zwischen den Welten«, der diesseitigen und der Anderswelt, lebt und zwischen ihnen zu vermitteln versteht.

Mit Witchcraft Today (= Der Hexenkult heute), das er im Jahre 1954 veröffentlichte, ging Gardner über die Andeutungen in seinem erwähnten Roman hinaus, und 1959 folgte The Meinung of Witchcraft (= Die Bedeutung des Hexenkults). In den sechziger Jahren publizierten dann auch Schülerinnen Gardners wie Doreen Valiente und Patricia Crowther eigene Werke über den Kult, und mit Beginn der siebziger Jahre lässt sich von einer regelrechten Wicca—Welle sprechen, die von England und ausging, um von dort auch auf Irland, Amerika und Australien überzuspringen, bis sie schließlich auch das europäische Festland erfasste. Gardner traf im Jahre 1939 auf eine Hexengruppe im New Forets, die ihn aufnahm und einweihte. Auf diese Weise entdeckte er den Alten Kult für sich und trug durch seine Veröffentlichungen des dafür freigegebenen Materials dazu bei, die grundlegende Pionierarbeit Lelands und Murrays fortzusetzen und einer allgemeinen Öffentlichkeit den Hexenkult nahezubringen.

Es gibt zahlreiche verschiedene Richtungen innerhalb des Wicca, und es soll uns genügen, einige der wichtigsten kurz vorzustellen.

Die Gardnerians arbeiten, wie ihr Name schon sagt, in der Tradition Gardners. Sie stellten lange Zeit die Hauptströmung innerhalb des bekannten Wicca—Kults dar.

Die Alexandrinas arbeiten in der Tradition des englischen »Hexenkönigs« Alex Sanders, der Ende der sechziger bis Anfang der siebziger Jahre zusammen mit seiner damaligen Frau Maxine eine eigene Richtung begründete, großes Aufsehen in der Öffentlichkeit erregte (Presse, Funk, Fernsehen), Hunderte von Einweihungen durchführte und zahlreiche Hexencovens begründete. Seine Bezeichnung »Hexenkönig« steht hier in Anführungszeichen, weil darunter nicht zu verstehen ist, dass Sanders von sämtlichen Hexen als Oberhaupt anerkannt würde; vielmehr handelt es sich dabei um einen Ehrentitel, der ihm von seinem eigenen Coven und dessen Tochtercovens verliehen wurde.

Die Richtung des sogenannten Seax Wicca (= altsächsisches Wicca) ist eine Neugründung durch Raymond Buck Land, der sie 1974 mit seinem Buch The Tree (= Der Baum) vor allem in den USA populär machte, und der die Selbstinitiation propagiert.

Es gibt noch eine Reihe weiterer Hexengruppen, die sich um verschiedene herausragende Persönlichkeiten wie Arnold und Patricia Crowther, Doreen Valiente (alle drei aus der Tradition Gardners kommend), Louis Martello (ein amerikanischer Wicca, der aus einer sizilianischen Hexenfamiie stammt) sowie Janet und Stewart Farrar (ursprünglich aus der Tradition der Alexandrinas) und andere scharten.

Schließlich seien noch die sogenannten Hereditäres erwähnt: Hexen, die zu keiner der oben erwähnten Traditionen gehören, sondern vielmehr aus eigenen Hexenfamiie stammen und deren Überlieferungen fortsetzen.

Die Unterschiede zwischen den einzelnen Richtungen sind nicht sonderlich groß und sollen hier nicht in allen Einzelheiten behandelt werden. Zur Gesamteinschätzung des Wicca—Kults ist allerdings zu sagen, dass viele Hexen der Meinung sind, Wicca sei der einzige echte Hexenkult **im** Sinne einer Nachfolge der Alten Religion, während andere dies ganz anders sehen.

Die gewaltige Vielseitigkeit des Hexenkults zeigt sich auch in den unterschiedlichen Betonungen von Einzelaspekten innerhalb der Covens oder Richtungen. So gibt es telematische Hexen, die sich am Gesetz von Thelema (»Tue was du willst ist das ganze Gesetz. Liebe ist das Gesetz, Liebe unter Willen«) orientieren, wie es dem englischen Magier Aleister Crowley offenbart wurde; keltisch orientierte Hexen, die druidische Traditionen pflegen; kabbalistisch—hermetisch ausgerichtete Hexen, die sich verstärkt der alten abendländischen Geheimlehren bedienen, Chaos—Wicca, die sich an der modernen englischen Chaos—Magie orientieren, zugleich aber die alte Naturreligion praktizieren und beide miteinander integrieren, und so weiter.

Zahlreiche heutige Hexen sind davon überzeugt, dass die Verehrung des Weiblichen und der (fast) ausschließliche Umgang mit seinen Energien den ursprünglichen Weg des Hexenkults darstellen. Der Mann spielt dabei eine untergeordnete Rolle, oft wird er zu den rein weiblichen Covens nicht zugelassen, ebenso häufig wird auch der Kult des Gehörnten völlig ausgeklammert zugunsten eines alleinigen Umgangs mit der »Himmelsgöttin«. Diese sogenannten »dänischen« Hexen stellen eine nicht unbeträchtliche Minderheit innerhalb des Gesamtkults dar und finden gerade in letzter Zeit eine Menge Zuspruch. Dafür sind sicherlich nicht zuletzt zwei Entwicklungen innerhalb der Frauenbewegung mitverantwortlich: Einerseits begann diese international in der Hexe das Inbild der verfolgten, unterdrückten Frau zu sehen; andererseits fingen viele zunächst ausschließlich politisch engagierte Frauen damit an, sich spirituellen Fragen zuzuwenden und sie mit ihrer Frauenarbeit zu verschmelzen. Diese Frauen sehen im Hexenkult ihre geistige Heimat und gehören inzwischen zu den aktivsten Hexen der gesamten Bewegung. Allerdings gehören nicht alle von ihnen der rein dänischen Richtung an, die zudem auch gern von radikalen Lesbenkreisen in Anspruch genommen wird. (Ähnlich gibt es, bisher freilich fast ausschließlich in den USA, mit den Gay Wicca eine Hexenbewegung für männliche Homosexuelle; diese ist stark von den Vorstellungen des schon erwähnten Louis Martello geprägt.)

Da unsere Szene so bunt ist, bleiben Richtungskämpfe und Reibereien natürlich nicht aus — auch dies wollen wir nicht verschweigen. Doch wo wäre das nicht so? Immerhin beweist es, dass der Hexenkult so lebendig und flexibel ist wie eh und je. Ja gerade diese scheinbare »Anarchie« ist vielleicht seine größte Stärke, macht sie unseren immer noch geifernden, allzu mächtigen Verfolgern doch die Sache äußerst schwer! Darüber hinaus fördert sie die Selbstkritik und lässt die Bewegung immer neue Impulse aufnehmen, die ihrer Weiterentwicklung dienen. Die Geschichte des Hexenkults ist noch lange nicht zu Ende, ja es sieht sogar danach aus, als hätte sie gerade erst angefangen! Täglich stoßen neue Menschen zu uns, wächst unsere Zahl, wächst auch die Zahl jener, die zu verstehen beginnen, dass wir Hexen keine finsteren »Teufelsanbeter« sind, die es nur darauf abgesehen haben, Chaos und Zerstörung zu verbreiten und harmlose Christenmenschen um ihr Seelenheil bringen.

Gewiss, wir lieben das Christentum nicht, aber noch nie hat eine Hexe einen Christen wegen seiner Weltanschauung verfolgt, gemartert oder gar getötet. Und wie sieht zum

Vergleich die Bilanz der anderen Seite aus? Mögen die Sektenpfarrer und ihre ferngesteuerten staatlichen Marionetten noch so sehr wettern, mag die Skandalpresse sich noch so sehr bemühen, unsere Riten durch den Schmutz zu ziehen, eine Lehre erteilt uns die Betrachtung der langen Geschichte des Hexenkult doch immer wieder — Hunderte von Jahren der systematischen Ausrottung haben es nicht vermocht, dem Menschen seine religiöse und weltanschauliche Freiheit auf Dauer zu rauben. Immer und immer wieder erkennen die Götter die Ihren und lassen sie teilhaben an ihrem Wissen, ihrer Macht und ihrer Kraft, lehren sie den Menschen, was seine Aufgabe auf dieser Welt ist und wie er mit ihren Problemen umgehen kann, ohne dabei in die Humorlosigkeit starrer Dogmen zu verfallen und in jedem Andersdenkenden eine tödliche Bedrohung zu wittern. Nicht wir Hexen haben Abermillionen solcher Andersdenkenden auf qualvollste Weise dem Folter— und Feuertod ausgeliefert, nicht wir Hexen waren es, die den Schlachtruf des »heiligen« Domingo beim Katharer Feldzug formulierten: »Tötet sie alle! Der Herr wird die Seinen schon erkennen! « Nicht wir Hexen sind verantwortlich für die Ausblutung zahlloser Völker durch Kolonialismus und Vormachtsdenken, nicht wir erfanden Rassismus und Frauenunterdrückung, nicht wir sind verantwortlich für Konzentrationslager, Apartheid und Sklaverei. Nicht ein Krieg, den man uns anlasten könnte (wenngleich wir im Kriegsfall häufig genug im Geheimen dazu beitrugen, unserem Volk mit Zaubern zu dienen, wenn es in Not geraten war), nicht ein Kreuzzug, nicht ein Akt der Lynchjustiz.

Wenn wir, was in Urzeiten bisweilen geschah, unseren Erntekönig rituell töteten (ein Akt zudem, der schon sehr bald nur noch rein symbolisch durchgeführt wurde), so war dies kein heimtückischer Mord aus dem Hinterhalt, stets geschah es mit dem Einverständnis dieses Erntekönigs; ja dieses Schicksal war ihm schon bewusst, als er —freiwillig! — sein Amt annahm, es war ein bewusstes Opfer für sein Volk, für die Fruchtbarkeit der Felder und der Erde, eine Gegenleistung für das Geschenk des Lebens mit all seiner Freude und all seinem Leid.

Schon gar nicht aber sind wir Hexen »Satanisten«! Wenn wir zum Gehörnten Gott beten, ihn im Ritual in uns hineinrufen, so dienen wir damit nicht dem Teufel. Tatsächlich waren es die Christen, welche aus unseren Alten Göttern Teufel und Dämonen machten. Nicht wir haben ihren Jesus von Nazareth, mit dem sie unserer Meinung nach allenfalls noch den Namen gemeinsam haben, verketzert, nicht wir haben ihn ans Kreuz genagelt, haben ihre Kultstätten geschändet und sie mit unseren eigenen Tempeln überbaut, nicht wir haben ihre tiefsten religiösen Empfindungen der Lächerlichkeit preisgegeben. Wer uns »Teufelsanbeter« nennt, der muss sich fragen lassen, woher er Seme unwissende Überheblichkeit hat, worauf seine dumme Arroganz fußt. Aus unserem Pan, unserem Gehörnten Gott, einer Gottheit, die älter ist als die gesamte Geschichte der Menschheit, machten sie — in Vergewaltigung ihrer eigenen Bibel — einen Satan, unsere Jungfrauen und Hohepriesterinnen erklärten sie zu geilen Schlampen. Und immer, immer wieder projizierten sie ihre Ängste und ihr eigenes schlechtes Gewissen auf uns und auf alles, was wir unser nannten.

Diese sicherlich recht heftigen Bemerkungen wären nicht erforderlich, wenn nicht auch heute noch Hexen verfolgt würden — und zwar nicht etwa, weil sie Böses täten, sondern weil sie anders sind, und wenn es bei uns inzwischen nicht halbwegs »zivilisierte« Gesetze gäbe, würden noch immer (und nicht: »schon wieder«!) Tausende von Verfolgern nur zu gern nach ihren Zündhölzern greifen, um die Scheiterhaufen einmal mehr gen Himmel lodern zu lassen und mit ihrem Rauch zu ihrer eigenen Schande das Antlitz von Vater Sonne und Mutter Mond zu verdüstern.

Denn man mag gegen das Heidentum manches einwenden, nicht aber, dass es intolerant wäre! Gerade der Polytheismus fußt auf dem Prinzip von »leben und leben lassen«. Die Römer, die bis zu ihrer späteren, für die europäische Entwicklung unserer Meinung nach höchst fatalen, Bekehrung zum Christentum urheidnisch dachten, waren gewiss Imperialisten erster Güte. Und doch verdrängten sie die Götter der von ihnen unterworfenen Völker nicht einfach oder verteufelten sie, wie dies das Christentum tat, sondern sie integrierten sie in ihren eigenen Pantheon, ja sie hatten sogar Altäre für »den unbekannten Gott«, den es erst noch zu entdecken galt. Eine solche Ehrfurcht vor dem Andersdenkenden ist dem Monotheisten fremd — und die Geschichte zeigt reichlich, welch blutige Folgen dies hatte.

Es bleibt die abschließende Frage: »Wer gehört zum Hexenkult? « Viele Hexen, vor allem reine Wicca— Anhänger meinen, dass nur jemand, der von einer eingeweihten Hexe eingeweiht wurde, selbst Hexe werden kann. Wir werden auf das Thema Einweihung noch in einem späteren Kapitel eingehen. Andere wiederum empfehlen die Selbsteinweihung mittels geeigneter Heimrituale. Und schließlich gibt es noch jene Puristen (vor allem unter den sogenannten hereditäres zu finden), die er u Fassung sind, dass man zur Hexe geboren sein und von der eigenen Hexenfamiie eingeweiht werden muss. Im letzteren Fall geschieht die Einweihung nur selten formell und besteht viel eher in der Übermittlung von Wissen und Familientraditionen, bestimmten Zaubertechniken und ähnlichem.

Doch tatsächlich ist eine solche Unterscheidung nur eine Frage der persönlichen Einschätzung. Wir, die Autoren dieses Buchs, sind der Auffassung, dass jeder sich zum Hexenkult zählen kann, der dies will, sofern er bereit ist, die Alten Götter zu verehren, ihre Kraft und Macht persönlich zu erfahren und in die Praxis umzusetzen. Wir erkennen einen jeden solchen Menschen an, gleich welcher besonderen Richtung er zugehören mag, denn letzten Endes ist die Frage, ob man »dazugehört« oder nicht, nur von den Göttern selbst zu entscheiden. Auch die formelle Verleihung von Graden ist schließlich nur ein veräußerlichter Akt, der einen inneren Entwicklungsprozess symbolisieren soll und ohne diesen wertlos ist, wie wir noch sehen werden. Das gleiche gilt für die förmliche Einweihung. Sicherlich ist es für jeden Anfänger sinnvoll, sich zu Beginn der Leitung einer kundigen, erfahrenen Hexe anzuvertrauen, um die Grundlagen dessen, was man auch die »Hexenkunst« (im Englischen: »the craft«) nennt, besser kennenzulernen und zu verstehen; doch wenn es darauf ankommt, zeigt sich erst bei der gemeinsamen Arbeit im Ritualkreis, wer sich wirklich Hexe nennen kann und wer (noch) nicht. Nicht dass wir solche Urteile fällen würden: Die meisten Hexen wollen sich lediglich vergewissern, dass die individuellen Energien miteinander harmonisieren und dass man tatsächlich auf Dauer fruchtbar zusammenarbeiten kann. Immerhin ist die gemeinsame Energiearbeit ein sehr intimer Akt, oft noch viel intimer als der sexuelle (ohne jedoch in der Regel sexuell zu sein), und so darf es nicht verwundern, wenn Hexen sich ihre entsprechenden Partner sehr sorgfältig aussuchen. Dennoch gibt es unter uns keine Form der »Exkommunikation«. Wer mit seinen Partnern aus welchem Grund auch immer nicht auskommt, kann sich anderweitig orientieren und sich stattdessen mit anderen Hexen zusammentun. Wie dies im Einzelnen funktioniert, sehen wir im 5. Kapitel, in dem es um den Coven und seinen Aufbau geht.

Das Evangeli delle stehe (= Das Hexenevangelium, eine andere Bezeichnung für Lelands Aradia) berichtet, dass die Göttin Diana ihrer Tochter Aradia das Vermögen gewährte, den Hexen, die sie anriefen, folgende Fähigkeiten zu verleihen:

Mann oder Frau Erfolg in der Liebe zu gewähren.
Freunde oder Feinde mit Macht zu segnen oder zu verfluchen.
Zwiesprache mit Geistern zu halten.
In alten Ruinen Schätze aufzuspüren.
Die Geister jener Priester heraufzubeschwören, die Reichtümer hinterlassen haben.
Die Stimme des Windes zu verstehen.
Wasser in Wein zu verwandeln.

Die Zukunft mit Karten vorherzusagen.

Die Geheimnisse der Hand zu erkennen.

Krankheiten zu heilen.

Hässliche

schön   zu

machen.

Wilde

Tiere   zu

zähmen.

Dies ist es, was wir noch heute tun, gleich welcher Tradition wir uns zugehörig fühlen. Dies — und noch vieles mehr— ist es, was den Hexenkult ausmacht, weshalb wir den Göttern dienen, weshalb wir die Alte Religion der neuen vorziehen. Unsere Wahrheit ist nicht das objektive Laborfaktum des materialistischen Wissenschaftlers, sondern vielmehr die Poesie der Mythen und Legenden, die Macht der Zauberkräfte, die Energien von Sonne und Mond, von Großer Göttin und Gehörntem Gott.

»Denn wir sind Hexen, weil wir Menschen sind. «

2. Kapitel »TRANSZENDENZ UND MACHT« - Die ZIELE DES HEXENKULTS

Transzendenz ohne Macht ist Mystik. Macht ohne Transzendenz ist Technokratie. Aus dem Credo einer modernen Hexe

Fragt man Anhänger des Hexenkults danach, worin ihre Ziele bestehen, so wird man oft sehr unterschiedliche Antworten erhalten. Manche werden antworten, dass sie ein intensiveres, ja intimeres Verhältnis zur Natur und ihren Kräften suchen; andere wiederum wollen die Realität der Alten Götter »am eigenen Leib« erfahren; wiederum andere Hexen streben die Selbsterkenntnis und Selbstfindung im weitesten Sinne an; es gibt auch solche, denen es um den Erhalt unserer Umwelt und unserer gesamten Schöpfung geht, während manche vor allem die Beherrschung des eigenen Schicksals im Vordergrund ihres Strebens sehen. Und sehr häufig ist es eine Mischung von zahlreichen verschiedenen oder allen der hier genannten Faktoren, die uns zum Hexenkult treibt. Allerdings sollte man auch für jene Hexen Verständnis aufbringen, die jede intellektuelle Begründung ihres Handelns ablehnen und die Energien lieber nicht »zerreden« wollen. Denn tatsächlich haben unser Verstand und — vor allem — unsere Verkopfteste schon genug Unheil auf dieser Erde angerichtet!

Dennoch lassen sich zwei Hauptziele ausmachen, die den allermeisten Hexen eignen. Das eine ist die Transzendenz, das andere ist die Macht. Beide Begriffe bedürfen einer Erklärung, weil sie sehr oft missverstanden werden.

Die Suche nach jenem geheimnisvollen Etwas, das hinter der Schöpfung steht und dessen Gesetze sich oft im Dunkeln unserer Unkenntnis verbergen, steht schon am Beginn der Menschheitsgeschichte. Bereits in der Steinzeit fanden Kulthandlungen statt, gab es Zeremonien und Rituale. Diese Sehnsucht hat den Menschen nie losgelassen, man denke nur an die zahllosen Religionen, die aus ihr entsprungen sind.

Unsere Realität ist, das spüren wir immer wieder in unserem Leben wenn wir nur die Augen offenhalten, weitaus tiefgründiger als das, was wir mit Hilfe unserer meist ungeschulten Sinnesorgane wahrnehmen können. Wir Hexen aber wollen mehr — wir geben uns nicht damit zufrieden, die Welt in ein paar starre Regeln der mechanistischen Physik oder der Soziologie zu pressen, ihre Geheimnisse wegzuerklären, indem wir ihnen Etiketten verpassen, die in Wirklichkeit nur von den tieferen Schichten der kultischen Erfahrung ablenken anstatt sie zu erhellen. Der Mensch ist mehr als ein bloßes Tier, das nach Nahrung strebt, nach Revierschutz und Lebenserhaltung, nach Fortpflanzung und materieller

Bereicherung. Wir wollen unseren Ursprung erkennen, unsere Wurzeln wieder finden, wissen, woher wir kommen, wohin wir gehen, wer wir sind.

Und es genügt uns auch nicht, uns mit der Mission abspeisen zu lassen, die »Realität« sei bereits weitgehend beschrieben und ergründet und es sei nur noch eine Frage der Zeit, bis unsere Wissenschaft auch die allerletzten Rätsel des Lebens gelöst habe. Mag sein, dass wir es zuerst nur wünschen, später ahnen und schließlich, durch die Begegnung mit den Göttern, erfahren und wissen, dass es anders ist. Mag aber auch sein, dass wir bereits mit der Ahnung und dem Wissen geboren wurden, dass nämlich hinter der Fassade des Alltags und der Materie beseelter und beseelender Geist steht und nur darauf wartet, von uns erkannt und angenommen zu werden — bis wir schließlich zum Vehikel seiner Kraft werden und ihm dienen, wie er uns seinerseits am Leben erhält, ja dieses Leben überhaupt erst lebenswert macht.

Die Suche nach der Transzendenz ist das Streben nach Überwindung der eigenen »normalen« Grenzen und Beschränktheit. Auch der Wunsch nach Ekstase gehört dazu. Das Transzendente führt über das bloße Sosein unseres gewöhnlichen Lebens hinaus, es ist sein Ursprung und sein Ziel zugleich.

Das alles ist keineswegs rein intellektuell oder philosophisch zu verstehen. Die wenigsten
Hexen sind Philosophen oder gar Theologen. Wir meinen damit vielmehr etwas ungemein
Wirkliches, Praktisches, unmittelbar Erfahrbares. Man hat den Hexenkult als eine Religion bezeichnet, die ausschließlich aus Priesterinnen und Priestern besteht, aber keine »Laiengemeinde« kennt. Das stimmt auch: Jeder von uns besitzt seinen eigenen unmittelbaren, ganz persönlichen Zugang zur Transzendenz. Wir kennen keine autoritären Vermittler und Zwischenträger, die für uns erst die Wahrheit »filtern« müssen, damit wir sie »ertragen«. So etwas überlassen wir lieber den Amtskirchen und jenen Menschen, die es nicht wahrhaben wollen, dass in jedem von ihnen die Kräfte der Götter lebendig sind und erfahren werden können.

So suchen wir denn durch den Hexenkult nach einer Erfahrung, die uns über uns selbst hinaus führt. Das griechische Wort »Ekstase« bedeutet, »aus sich heraustreten« — und treten wir aus uns heraus, machen wir Erfahrungen von solcher Glückseligkeit und Intensität, wie wir es vorher nickt geglaubt hätten. Aber es geht nicht nur darum, eine Art religiöses »High« zu erlangen; die Wahrheit selbst ist unser Anliegen, doch das ist keine Wahrheit des Verstands allein, sie ist vielmehr im Körper selbst und nur durch diesen zu erfahren. Deshalb tanzen wir und lassen es unserem Körper bei unseren Festen gut gehen, deshalb befassen wir uns mit dem Wissen um Heilkräuter und Heilzauber und deshalb leben wir die Wahrheit auch körperlich aus.

In diesem Sinne aus sich herauszutreten heißt, die Unendlichkeit des Universums zu erfahren und die eigene. Plötzlich erweisen sich zahllose unserer selbstauferlegten Beschränkungen als eitle Trugbilder, lösen sich die Grenzen im Reich der Allmacht auf. Dabei wird unser Ego jedoch immer kleiner, immer demütiger. Wir erkennen, dass wir zugleich die Schöpfer unseres Universums sind wie auch seine bescheidensten Diener. Indem wir uns mit den Göttern vereinen, sie im Ritus und außerhalb verkörpern, wächst unsere Macht — aber auch unsere Verantwortung für diese Macht. Wir vertrauen uns der Führung der Götter an, ohne dabei in hingebungsvoller Passivität zu verharren, sondern vielmehr durch das Tun. Wir sind die Kinder der Götter und ihre Priester zugleich. Sie beschenken uns reich mit ihren Gaben, und wir danken ihnen dafür, erkennen uns in ihnen wieder und versuchen, ihnen durch unseren Kult Ehre zu machen und im Einklang mit ihren Weisungen zu leben.

Dieser Einklang ist gewiss stark subjektiver Art und lässt sich mit Sprache nur schwer fassen; und doch machen wir Hexen alle mehr oder weniger ähnliche Erfahrungen.

Wenn eine der Unsrigen davon spricht, dass »die Göttin zu ihr gekommen« ist, so wissen wir alle, was damit gemeint ist. Das ändert jedoch nichts daran, dass die Göttin (oder der Gott) sehr persönlich zu jedem von uns spricht, in einer Sprache, die kein anderer Mensch versteht, nur wir allein.

So wird unser Universum reicher und bunter. Wir lernen, das Leben umso mehr zu lieben, je tiefer wir es ergründen und je mehr wir sehen, was hinter ihm und jenseits seiner Bedingtheiten steht. Denn bei aller Transzendenzsuche sind wir zugleich sehr diesseitig. Wir nehmen die Bedürfnisse des Alltagslebens ernst, wir respektieren unser Verlangen nach Glück und Liebe, nach Sinnlichkeit und Genuss ebenso, wie wir es niemandem von uns verwehren, seinen wahren Gefühlen Ausdruck zu verleihen, und seien diese auch Gefühle des Hasses oder der Wut.

Denn das Ziel eines jeden Menschen ist, wie wir glauben, seinen Wahren Willen zu ergründen und ihn zu leben. Dieser Wahre Wille ist vergleichbar mit dem Begriff Berufung und Bestimmung. Die Götter zeigen uns unseren Wahren Willen, mal sehr eindeutig, mal recht subtil durch Omen und schicksalhafte scheinbare Zufälle. Es ist nicht immer leicht, den Wahren Willen zu erkennen und ihm zu folgen, ja es ist meist sogar eine Lebensaufgabe. Und wir glauben auch, dass nichts auf Welt die Verwirklichung unseres Wahren Willens quälte kann, sofern wir nur mit ihm eins sind. Da wir durch das Tun und das Handeln leben, verleiht uns erst die Erkenntnis des Wahren Willens und die Einsendung mit ihm die höchste Weihe und macht uns zu eigentlichen Hexen im Sinne der Magie.

Das führt uns zu der Frage nach der Macht. Auch hierbei müssen wir immer wieder erklären, was wir nicht darunter verstehen, allzu sehr ist dieser Begriff mit negativen Assoziationen und Missverständnissen beladen.

Zunächst einmal: Macht bedeutet für uns Hexen nicht Herrschaft über Menschen! Das Wort Macht leitet sich schon in altgermanischer Zeit von der Wurzel mag— ab, die so viel wie »können, vermögen« bedeutet. Später entwickelten sich daraus auch die Wörter Möglichkeit (mhd. mag[e]lichtet) und Vermögen im Sinne von »Fähigkeit, Kraft; Zeugungskraft; Mittel, Geld und Gut«.

Tatsächlich wollen Hexen die Macht über ihr eigenes Schicksal erlangen. Anstatt ständig fremdbestimmt als Opfer durchs Leben zu wandeln, wollen wir dieses Leben vielmehr in eigene Hände nehmen — eigenverantwortlich und frei, nur den eigenen Gesetzen gehorchend und denen, die uns die Götter offenbaren. Macht bedeutet also Können und Vermögen. Sie stellt die Essenz aller Kraft dar. Das englische Wort »power«, das in der Literatur sehr oft vorkommt, bedeutet beides, Kraft und Macht. Wenn die englischen Hexen von »die power of die gods« sprechen, so meinen sie damit sowohl die Macht als auch die Kraft der Götter, die übrigens im Ritual beide als Einheit erfahren werden.

Wie alles im Hexenkult, ist auch dies keine bloße Theorie. Macht über sein eigenes Schicksal zu haben bedeutet, alle zur Verfügung stehenden Kräfte und Fähigkeiten zu nutzen. Im Unterschied zum Materialisten sind wir der Überzeugung, dass diese Kräfte und Fähigkeiten all das bei weitem übersteigen, was wir herkömmlich darunter verstehen; auch die sogenannten »übernatürlichen« oder »übersinnlichen« Möglichkeiten zählen dazu. Dabei empfinden wir den Begriff »übernatürlich« jedoch als irreführend: Magie, Zauberei, Psi—Fähigkeiten, und wie man diese Erscheinungen noch nennen mag, sind in der Natur selbst enthalten, ja sie stammen aus ihr. Sie erheben sich also nicht über die Natur und sind schon gar nicht »widernatürlich«, wie sehr viele religiös denkende Menschen glauben. Alle Schöpfung ist magisch, die Erschaffung des Lebens selbst war ein Akt höchster Magie.

Die meisten von uns gehen ihren normalen Berufen nach und tun dies nicht besser und nicht schlechter als andere Menschen auch. In der Magie jedoch sehen wir eine willkommene Ergänzung, mit der wir unsere Möglichkeiten der Einflussnahme auf unser Schicksal ausweiten können. Wer eins ist mit den Göttern und seinem Wahren Willen, der ist auch eins mit den Urgesetzen des Universums. Er erkennt seine offenbaren und geheimen Strukturen und weiß sie zu nutzen. Daran ist nichts sonderlich Ungewöhnliches, jeder Mensch ist dazu fähig. Teilweise ist es sogar lediglich eine Frage der Technik, ob man zaubern kann oder nicht. Das mag jene erstaunen, die das düstere Gemunkel anderer »Magier« gewohnt sind, die mit verstohlenen Blicken und raunender Stimme verkünden, dass ihnen unsägliche Geheimnisse zuteil geworden seien, die dem profanen Auge verborgen bleiben müssten. Gerade weil die Magie jedoch etwas völlig Natürliches, jedem Zugängliches ist, lieben wir sie ja, wie wir alles lieben, was unmittelbar der Natur selbst entspringt.

Im Zauber erfahren wir vielleicht am drastischsten die Macht der Alten Götter: Indem sie uns ihre Kraft und ihr Wissen offenbaren, und indem wir aktiv daran teilhaben, wird die Welt plötzlich zu einer sehr interessanten, schillernden Bühne recht merkwürdig anmutender Energien! Stellen Sie sich das Vorgehen einmal so vor: Wir führen einen Zauber durch, und er gelingt — worauf wir zunächst einmal staunen. Zu Anfang mag unser Verstand uns noch einreden, es sei Zufall. Nun gut, also wiederholen wir ihn — mit erneutem Erfolg! Noch immer rebelliert der Skeptiker in uns, noch immer mag unser von Naturwissenschaft und »Anti—abergläubischem« Denken geprägter Geist es nicht wahrhaben. (Kein Wunder: Er kann es ja auch nicht erklären!) Doch wenn wir dies ein, zwei Dutzend Male erlebt haben, bleibt uns nichts anderes mehr möglich als unseren Skeptizismus beiseite zu stoßen und uns auf den alten schamanischen Grundsatz zu besinnen:

»Was man wahrnimmt, ist auch wahr.«

Es ist viel über die Gefahren des Zauberns geschrieben worden. Gewiss, wer damit arbeitet läuft schnell Gefahr, in unguten Größenwahn zu verfallen und sich selbst zu überschätzen. Wir Hexen sehen das jedoch vielleicht ein wenig gelassener als der Durchschnittsmensch.

Denn zum einen ist das Zaubern nicht der alleinige Bestandteil des Kults — Macht ohne Transzendenz wäre bloße Technokratie. Wir sind auch in unserem Zaubern eingebettet in den Umgang mit dem Göttlichen. Der Hexenkult fördert nicht die Aufblähung des Egos, wie dies viele rein magische Disziplinen tun. Da wir uns als Teil eines Ganzen begreifen, handeln wir im Idealfall auch stets im Bewusstsein um die Verantwortung für unser Tun. Aus diesem Grund werden auch unsere gelegentlichen Exzesse, die wir durchleben wie alle anderen Menschen auch, von der Transzendenz abgefangen und gemildert. Andererseits macht wahre Magie sehr bescheiden: Der Magier ist ja nicht allmächtig, schon gar nicht aus eigener Kraft allein, und wenn er sorgfältig beobachtet, wie seine Zauber wirken und gelegentlich auch einmal scheitern (auch das kommt häufig genug vor), so stößt er unentwegt an seine eigenen Grenzen und lernt auf diese Weise, umsichtiger vorzugehen.

Die Hexe wurde schon immer vom Unwissenden gefürchtet, wie wir gesehen haben. Doch man fürchtet sich vor allem vor Dingen, die man nicht wirklich kennt. Ein Ziel dieses Buchs ist es, dazu beizutragen, diese Furcht vielleicht ein wenig aufzulösen. Wir Hexen sind eben keine Unholde, die nur danach trachten, ihr Nächstes Unheil zuzufügen und sich ständig die Rosinen aus dem Kuchen des Lebens zu picken, ohne dafür arbeiten zu müssen. Wer Hexen kennenlernt, ist oft erstaunt über ihre warmherzige Lebensfreude, über ihren Humor und ihre allgemeine Fröhlichkeit. Wer das Leben liebt, der mag es auch nicht sinnlos zerstören.

Allerdings sind wir auch keine »Heiligen« im christlichen Sinne. Christliche Moralgrundsätze gelten für uns, wie alle anderen, nur insoweit, als sie sich mit unserem eigenen Wahren Willen decken mögen. Nur wenige von uns wären bereit, die andere Wange hinzuhalten, wenn der Gegner ihnen bereits einen Hieb verpasst hat — doch wie viele Christen tun dies wirklich? Wir meinen, dass wir ehrlicher mit unseren Bedürfnissen und Trieben umgehen. Wir bejahen sie als wichtigen Bestandteil der Ganzheit des Lebens. Und dazu gehören auch Emotionen wie Hass und Zorn, Neid und Eifersucht, Angst und Zerstörungswut. Wer sich einen der unseren trotz aller Warnungen gezielt zum Gegner macht, sollte in der Tat vorsichtig sein: Der Zorn einer Hexe ist nicht zu unterschätzen, zumal sie — wie jeder Zauberer — über schwer einzuschätzende, oft höchst unberechenbare Mittel und Fähigkeiten verfügt, ihm entsprechende Geltung zu verschaffen.

Meistens geht es jedoch bei unserer Magie um andere, konstruktivere Dinge. Wir führen Heilungszauber für Mensch und Tier, ja auch für die Natur selbst durch, beeinflussen bei Bedarf das Wetter (beispielsweise Regenzauber in Zeiten großer Dürre), helfen uns selbst und den Mitgliedern unserer Coven mit magischen Mitteln (beispielsweise bei Gerichtsverhandlungen oder bei geschäftlichen Auseinandersetzungen), zaubern für Liebe, Glück und Wohlstand —kurzum für eine magische Steigerung dessen, was man seit einigen Jahren mit dem Begriff »Lebensqualität« bezeichnet. Und was die Nichthexen oft verblüfft: All dies können wir tun, ohne dabei ein schlechtes Gewissen zu haben!

Dieser Punkt ist recht wichtig, denn im Laufe unserer Verfolgung mussten wir immer wieder erleben, wie sehr unsere Feinde ihre eigenen Gefühle des Neids gegen uns richteten; Neid darüber, dass wir uns Dinge zu tun getrauten, vor denen sie selbst zurückschreckten. Minderheiten werden häufig zur Zielscheibe eigener Frustrationen und Minderwertigkeitsgefühle gemacht. Als Sündenböcke müssen sie dann ihren Gegnern die Kompensationsarbeit für deren Verfehlungen und Mängel abnehmen. (Man denke nur an die Heftigkeit, mit der sexuell frustrierte Menschen Jagd auf »Unsittlichkeit« und »Pornographie« machen und sich zu Hütern der allgemeinen Moral aufschwingen!) Die Schadenfreude der Schaulustigen vor dem brennenden Scheiterhaufen ist nie zu verkennen.

Auf der anderen Seite üben jene, die sich nicht von allgemeinen Ängsten und Vorschriften unterkriegen lassen und stattdessen tun, was sie wirklich wollen, eine große Faszination auf andere aus. Eine solche Faszination ist nicht zuletzt auch Ausdruck der inneren Kraft und Macht eines Menschen, der seinem Wahren Willen gehorcht. Als Hexen machen wir uns zwar nicht vor, dass wir dadurch unverwundbar würden, aber es gibt uns doch genügend Kraft und Durchhaltevermögen, um auch die schlimmsten Verfolgungen zu ertragen.

Im Leben handeln, ohne es bereuen zu müssen — wer sehnt sich nicht danach? Ständig sind uns Zwänge im Weg, selbst auferlegte und jene, die von außen kommen. Und doch gibt es keine wirkliche Alternative zum Ausleben des eigenen Wahren Willens, denn alles andere führt in Unzufriedenheit und Missmut, in Krankheit und Depression. Hexen haben beim Zaubern, bei der magischen Beeinflussung ihres Lebens, kein schlechtes Gewissen, aber nicht etwa, weil sie überhaupt keines besäßen, wie ihre Feinde oft höhnen; sondern weil sie wissen, was sie tun, wozu sie es tun und für wen sie es tun! Dies ist zumindest der Idealfall, und es dürfte jedem einleuchten, dass auch wir als fehlbare Menschen nicht immer unseren eigenen Ansprüchen gerecht werden. Aber wir bemühen uns immerhin, und der Zauber ist eine von zahlreichen Möglichkeiten, das Abenteuer der Selbstverwirklichung auch auf der stofflichen, objektivierbaren Ebene zu wagen. Zudem trennen wir ungern in eine »höhere« und eine »niedere«, in eine »geistige« und eine »fleischliche« Realität. Gewiss, unser menschlicher Körper ist vergänglich, aber dafür sind auch viele von uns davon überzeugt, dass wir nach dem Tod nicht nur als Seele weiterleben sondern auch in fleischlicher Form wiederkehren. Die meisten Hexen glauben an die Wiedergeburt, obwohl die Reinkarnationslehre im eigentlichen Kult keine allzu herausragende Rolle spielt. Der Körper ist für uns nicht etwa der »Kerker der Seele«, wie es das Christentum so lange verkündet hat, sondern vielmehr ihr heiliger Tempel, das Geschenk der Großen Göttin und des Gehörnten Gotts an uns, das es zu ehren, zu achten und zu erhalten gilt. Ebenso die Welt der Materie. Wir leben hier und jetzt, mitten im Alltag, umgeben von seinen Sorgen und Problemen. Die Magie ist für uns die Verwirklichung der Transzendenz, durch das Zaubern wecken wir ihre schlafende Kraft, durch die Tat erfüllen wir sie.

Im nächsten Kapitel wollen wir näher auf die Transzendenz eingehen, wie der Hexenkult sie versteht. Es ist die Realität der Alten Götter, durch welche wir die Transzendenz erfahren und über unsere eigenen Grenzen hinauswachsen. Das letzte Kapitel dieses Buchs soll schließlich den rein magischen Praktiken des Hexenkults gewidmet sein und einige der von uns angewandten Techniken beschreiben.

3. Kapitel DIE REALITAT DER ALTEN GÖTTER

Die Große Göttin und der Große Gott

Im biblischen Buch Hiob findet sich ein Hinweis auf einen Sonnen— und Mond Kult: »Hab ich das Licht [d.i. die Sonne] angesehen, wenn es hell leuchtete, und den Mond, wenn er herrlich dahinzog, dass ich mein Herz heimlich betört hätte, ihnen Küsse zuzuwerfen mit meiner Hand? Das wäre auch eine Missetat, die vor die Richter gehört;

denn damit hätte ich verleugnet Gott in der Höhe. « (Hiob, 32; 26—28) Die »antiheidnische« Haltung des Monotheisten darin ist deutlich, wie denn das Juden- und später das Christentum auch jede Verehrung des weiblicher Gottheiten scharf ablehnten und verfolgten.

Der Hexenkult ist von Natur aus dualistisch ausgerichtet, zumindest was seine äußere Kult form angeht. Schon in grauer Urzeit standen männliche Gottheiten neben weiblichen, wurde das Prinzip von Licht und Schatten, von Tag und Nacht, auch im Pantheon deutlich. In einer von Christentum und Materialismus beherrschten Kultur wie der unseren mag es wunderlich erscheinen, dass moderne Menschen danach streben sollten, zwei oder mehrere Gottheiten zu verehren, die zudem noch nach Geschlechtern getrennt sind. Und doch entspricht eine solche Sicht der Dinge menschlicher Urerfahrung und ist in diesem Sinne viel natürlicher als der Monotheismus mit seiner Konzentration auf ein einziges (meist männlich verstandenes) Prinzip. Dass man diese Trennung in Männlich und Weiblich jedoch nicht allzu streng und ausschließlich handhaben sollte, wird noch zu erläutern sein.

Bevor wir auf die auch dieser Polarität zugrundeliegende Einheit eingehen, sollen zunächst in kurzem Abriss die beiden göttlichen Grundprinzipien erklärt werden.

DIE GROSSE GÖTTIN

Zahllos sind die Namen der Großen Göttin: Wir verehren sie als Isis, Astarte, Diana, Hekate, Tanitha, Kali, Inanna, als Aradia und als Mondin, als Sternen- und Himmelsgöttin, und natürlich auch in ihren drei Aspekten: als Jungfrau, als reife Frau und als Vettel. Das Weibliche ist es, was uns gebiert, jeder Mensch, ob Mann oder Frau, ist aus weiblichem Schoß in diese Welt hineingetreten. Die Große Göttin ist die Verkörperung all' dessen, was wir unter dem weiblichen Prinzip verstehen. Dazu gehören unter anderem folgende Eigenschaften, wobei diese Auswahl nur einen ganz allgemeinen, groben Überblick geben kann:

Attribute der Großen Göttin: passiv, weich, sanft, nachgiebig, gebärend, empfangend, zyklisch, fließend, negativ, linke Seite, das Irrationale, das Emotionale, das synthetische Intuitive, Vagina, Mondgöttin.

Das weibliche Prinzip der Schöpfung ist das Lebenserhaltende, Aufbauende. Vergessen wir nicht, dass das Wort »Materie« von mater, also »Mutter« abstammt! Und dennoch reduzieren wir im Hexenkult weder die Göttin noch die Frau allein auf ihre Mutterrolle, wie das patriarchalische Systeme immer wieder so gern getan haben. Das Weibliche ist zugleich auch das Mächtige' das Urgründe, das über die Magie der Träume und der Visionen, über die subtilen Gesetze des Feinstofflichen verfügt. Wo das männliche Prinzip erdenken und errechnen muss, kann das Weibliche erspüren und erahnen. Wo das Männliche analytisch zergliedert und den Einzelbestandteilen einer Sache nachforscht, besitzt das Weibliche die synthetische Schau der Gesamtzusammenhänge. Doch bevor wir beide weiter vergleichen, sollten wir zuerst das männliche Prinzip, wie es durch den Großen Gott, den Gehörnten, vertreten wird, kurz zusammenfassen.

DER GROSSE GOTT

Zahllos sind auch Namen des Großen Gotts: Wir verehren ihn als Pan und Dionysos, als »Gehörnten« und als Cernunnos, als Osiris und Mithras, als Ra und als Dis, als Herne und Wodan sowie als Sonne, natürlich auch in seinen drei Aspekten: als Sohn, als Geliebter und als Gemahl. Er ist Jäger, Krieger, Familienvater. Das Männliche ist es, was uns zeugt, jeder Mensch, ob Mann oder Frau, ist durch die Befruchtung des weiblichen Schoßes durch das Männliche in diese Welt hineingetreten. Der Große Gott ist die Verkörperung all dessen, was wir unter dem männlichen Prinzip verstehen. Dazu gehören unter anderem folgende Eigenschaften, wobei auch diese Auswahl, wie schon zuvor bei der Großen Göttin, nur einen ganz allgemeinen, groben Überblick geben kann:

Attribute des Großen Gotts: aktiv, hart, rau, unnachgiebig, zeugend, gebend, linear, starr, positiv, rechte Seite, das Rationale, das Intellektuelle, das analytische Denken, Phallus, Sonnengott.

Das männliche Prinzip der Schöpfung ist ebenfalls das Lebenszeugende, Aufbauende. Wenn in manchen Hexenschriften davon die Rede ist, dass nur das Weibliche das Leben erhält und nur das Männliche lebensvernichtend wirkt, so ist darunter nicht zu verstehen, dass der Große Gott allein zerstörerisch, die Große Göttin dagegen allein lebenserhaltend sei. Vielmehr handelt es sich dabei um eine Auseinandersetzung mit dem fehlgeleiteten Rationalismus patriarchalischer Denkweisen.

Auch den Großen Gott reduzieren wir im Hexenkult nicht auf eine Vater— und Erzeugerrolle. Das Männliche ist zugleich auch das Handelnde, das Aktive, das über die Magie der Weihe und der Tat, über die klar erkennbaren Gesetze dem Grobstofflichen verfügt.

Ebenso wenig wie das Attribut »passiv« der Großen Göttin bedeuten soll, dass damit alles Weibliche pauschal als passiv—duldend abgetan werden soll, will das Attribut

»aktiv« des Großen Gotts auch nicht besagen, dass das Männliche nicht zur Passivität und zum Empfangen fähig wäre. Es handelt sich dabei vielmehr um Analogien, die in bildlicher (und zugleich sprachlich etwas reduzierter) Form Sachverhalte deutlich machen sollen, die eher erspürt als errechnet werden können.

Wichtig ist vor allem, dass wir im Hexenkult beide Seiten, das Männliche und das Weibliche, zu ihrem Recht kommen lassen. Wir erkennen die Polarität der Transzendenz an und huldigen ihr durch den Ritus. Nur durch diese Polarität ist Schöpfung, wie wir sie verstehen, überhaupt möglich, sie durchdringt und beherrscht das ganze Universum, und wenn wir zu den Urkräften und Urwahrheiten dieses Universums finden wollen, müssen wir den Weg über und durch diese Polarität nehmen. Dies ist zugleich der Weg der Alten Religion, der Religion unserer Vorfahren, ja der Ur—Religion überhaupt.

Hohepriester und Hohepriesterin verkörpern im Ritual die Gottheiten, ja sie in vozieren sie solange, bis sie selbst zu den Gottheiten geworden sind. Wie dies im Einzelnen geschieht, werden wir im nächsten Kapitel behandeln.

Der Hexenkult hat auch seine psychologische Seite, wie denn jedes Pantheon auch Ausdruck einer bestimmten Psychologie ist. Denn jeder Mensch besitzt eine weibliche und eine männliche Seelenkomponente, in der

Tiefenpsychologie C.G. Jungs »Anima« und »Animus« genannt. Indem wir diese rituell im Außen manifestieren (der Tiefenpsychologe spricht vom »Projizieren«), begegnen wir unserem eigenen Spiegelbild — und tatsächlich sind wir alle gleichzeitig Diener der Gottheiten und ihre Verkörperung. Dies ist ein Mysterium, ein scheinbares Paradoxon, das nur in der rituellen Erfahrung aufgelöst und zur erlebten Wahrheit werden kann.

Es gibt unter Hexen ein Sprichwort, das gerade dem heutigen Menschen zu denken geben sollte: „DIE ALTEN GÖTTER SIND NICHT TOT. SIE DENKEN VIELMEHR, DASS WIR ES SEIEN."

Und ist es nicht so, dass die Natur (Stichwort: Umweltzerstörung) im großen Stil erst zu sterben begann, als man die Alten Götter für tot erklärte? Oder als man sie durch die neuen Götzen der Technokratie und des blinden — und blindwütigen — Fortschrittsglaubens ersetzen zu müssen meinte? Die Alten Götter stellen unsere Harmonie mit der Natur dar, weil sie selbst diese Natur sind! Darin ist nichts Sentimentales zu sehen. Es wäre töricht, sich nur als Hexe zu fühlen, weil man ein wenig von keltischen oder germanischen Gottheiten schwärmt und gerne ein bisschen an Blumen riecht, während man im Übrigen die Natur kritiklos verklärt. Wir Hexen haben sicherlich viel für Romantik übrig, aber gerade weil die Alten Götter zu uns sprechen, haben wir es auch nicht nötig, nur die vermeintlich »positiven« Seiten zu betonen und die »negativen« stillschweigend zu übergehen. Die Natur ist liebevoll und grausam zugleich: Sie spendet Leben. Aber sie nimmt es auch; sie schützt, aber sie bedroht auch, wie wir bei jeder »Naturkatastrophe« aufs Neue erleben.

Und weil die Alten Götter, wie erwähnt, zu uns sprechen, unverblümt und direkt, ohne Beschönigungen und Ausweichfloskeln, zeigen sie uns auch ihre dunklen Seiten: Kali beispielsweise ist eine schreckliche Göttin, die Schwarzmondin ist finsterer als die Nacht, die Götter der Unterwelt sind alles andere als »lieb« und »nett«. Es wird von unseren Kritikern oft verkannt, dass der Hexenkult keine unreflektierte Neuauflage einer romantischen Naturschwärmerei ist, üppig garniert mit ein paar alten Götternamen und umgekleidet in zahme Wohnzimmerrituale. Die Hexe will vielmehr zur Realität der Natur in all ihren Aspekten, den lichten wie den finstern, vorstoßen, sie annehmen, wie es einem Kind dieser Natur geziemt — und in ihr wirken, wie es einer Inkarnation der Gottheit geziemt. Mit einer Verklärung der Natur, dies erkennen wir Hexen ganz deutlich, ist niemandem gedient, uns selbst nicht, die wir uns dann weiterhin falsch verhalten und eine kindische Mission von einem Naturtraum mit der Wirklichkeit und ihren höchst wirklichen Problemen verwechseln; schon gar nicht aber ist der Natur selbst damit gedient, die als unsere Lebensgeberin ein Recht darauf hat, so genommen und verstanden zu werden, wie sie wirklich ist.

Es könnte sein, dass unsere gesamte Zukunft als Menschheit davon abhängt, dass wir die Botschaft der Alten Götter vernehmen und beherzigen: »Seid eins mit der Natur und versucht nicht, ihr immer wieder aufs Neue Gewalt anzutun — denn sie ist mächtiger als ihr! « Tun wir dies nicht, stellen wir uns weiterhin taub und missachten wir diese Aufforderung, so wird es wohl nicht mehr lange dauern, bis der Mensch von diesem Planeten endgültig verschwindet und von der Evolution als »Fehlentwicklung« abgebucht wird wie schon so manche Art zuvor.

Bei all diesen Erklärungen verlieren wir allerdings allzu leicht die Tatsache aus den Augen, dass die Götter erfahren werden müssen, man kann sie sich nicht erdenken! Denn tatsächlich entzieht sich alles wahrhaft Göttliche einer präzisen sprachlichen Beschreibung, muss die Sprache angesichts der Erfahrung des Unaussprechlichen versagen.

Auch verstehen wir die Götter nicht bloß als symbolische Verkörperungen abstrakter Prinzipien. Wenn wir diese Prinzipien hier aufgeführt haben, so nur deshalb, weil wir in einer vom monotheistischen Denken geprägten, andererseits aber zunehmend psychologiegläubigen

Kultur einen leichteren Zugang zu dieser Art der Seins Wahrnehmung finden mussten. Eine wahre Gottheit lässt sich niemals erschöpfend beschreiben, das ist in keiner Religion anders. Aber man kann versuchen, sich ihr getreu dem Prinzip »vom Bekannten zum Unbekannten« anzunähern.

Dies wird besonders deutlich, wenn wir uns das im vorletzten Kapitel bereits kurz erwähnte Prinzip der »mythischen Wahrheit« vor Augen führen. In unserer gegenwärtigen Kultur herrscht die rationale Wissenschaft vor, die nur die formallogische »objektive« Wahrheit kennt. Es ist jedoch ein reines Vorurteil zu glauben, dass dies die einzige Form der Wahrheit sein kann. Darin steckt eine gewaltig e unbewusste Überheblichkeit, denn unser sogenanntes »wissenschaftliches« Denken ist kaum dem paar hundert Jahre alt, das mythisch—magische Denken hingegen hat sich seit zig Jahrtausenden bewährt. Man kann den Unterschied zwischen beiden Denkformen durch das Bild vom Kopf und vom Bauch veranschaulichen: das rationalistische Denken gehört zum Kopf, zum analytischen Intellekt und zum logisch—diskursiven Verstand; das mythische Denken gehört dagegen zum Bauch, zur synthetischen Intuition und zum Gefühl. Früher gab es auch den Ausdruck »Herzenswahrheit« — das war eine Wahrheit, die mehr erfühlt als errechnet werden konnte. Diese Herzens— oder Bauchwahrheit müssen wir erspüren, wenn wir mit Mythen umgehen wollen. Dann kommt es auch nicht so sehr darauf an, ob die Mythen »wörtlich« stimmen, solange sie sich richtig »anfühlen«.

Wie Doreen Valiente in ihrem ABC of Witchcraft schreibt: Kein intelligenter Heide war jemals so töricht zu glauben, dass der Mond, den er oben am Himmel erblickte, eine Göttin war. Im Gegenteil, die Planeten und Lichter [d.i.: Sonne und Mond] wurden nach den Göttern benannt und nicht umgekehrt.

Die Welt der Mythen und der Magie denkt in Analogien und Bildern, wie es unser Unbewusstes tut — und wie es Kinder noch vorzüglich verstehen, weshalb gerade sie auch so leicht Zugang zu ihr finden, bis sie schließlich durch die Erwachsenen »umgepolt« werden. Deshalb sind Rituale einerseits symbolische Handlungen — doch wäre es verkehrt zu glauben, dass sie damit »nicht wirklich«, »nicht real« wären. Es kostet oft einiges an Anstrengung, die feinstofflichen Energien, die durch das Ritual freigesetzt werden, überhaupt zu erkennen und sie dann auch anzunehmen.

Auch wenn man niemals eine wirklich treffende und erschöpfende Beschreibung der Götter neben kann, lässt sich doch sagen, dass sie in ihrem tiefsten Aspekt jenseits der Geschlechtlichkeit liegen. Mit anderen Worten: Der Dualismus von Männlich und Weiblich ist zwar real und verkörpert sich für uns, wie bereits beschrieben, in den

Gottheiten. Doch lässt sich die Transzendenz nicht wirklich in die Grenzen menschlicher Beschränktheit pressen. Jenseits der Polarität liegt eine Wirklichkeit, die alles, was der Mensch sich vorstellen kann, bei weitem übertrifft und im wörtlichen Sinne des Wortes »in den Schatten stellt« (daher auch unser Buch der Schatten).

Als Menschen jedoch finden wir nur selten unmittelbaren Zugang zu dieser über— geschlechtlichen Wirklichkeit der Alten Götter. Dies hängt ab von unserer Hingabe und geistig—seelischen Offenheit. Manche Hexen gehen den Weg der alleinigen Verehrung einer einzigen Gottheit, in der Regel der Großen Göttin. Wer um die tieferen Aspekte der Göttlichkeit nicht weiß, beurteilt dies kopfschüttelnd als asymmetrisch und einseitig. Doch tatsächlich stellt jede Gottheit ein geschlechtlich gepoltes Tor dar, das in einen Realitätsraum jenseits des Dualismus führt. Die Gottheit wird auf diese Weise nicht als Teilaspekt der Natur erfahren sondern als Ganzes, als Allesumfassendes, das auch die Polaritäten in sich vereint. Von Einseitigkeit ist hier also keineswegs die Rede.

Im Hexenkult ist öfters von der Anderswelt die Rede. Das ist das Reich der magischen Kräfte, das Reich der Götter und Geister, der feinstofflichen Einflüsse, das Reich der Zauber. In dieses Reich tritt die Seele nach dem Tod des physischen Körpers ein. Doch handelt es sich bei der

Anderswelt nicht etwa um einen Ort sondern um einen Zustand. Man muss nicht erst sterben, um die Anderswelt erforschen zu können, sie ist kein christliches Jenseits. Die Hexe erhält Zugang zu ihr durch das Ritual und durch die Zwiesprache mit den Göttern. Der Schlüssel dazu ist, wie schon erwähnt, die Trance.

4. Kapitel GRUNDRITUAL, EINWEIHUNG, GRADE, JAHRESFESTE

Bevor wir uns dem rituellen Aspekt des Hexenkult widmen, sollten wir voranschicken, dass dieser nicht das schlechthinnige. seit ewigen Zeiten festgelegtes Ritual kennt. Im Gegenteil, unsere Rituale sind so vielfältig wie unsere Coven, jede Hexe kennt ihre eigenen Versionen und Varianten, und schon die Anfänger werden dazu aufgefordert, ihre eigenen Rituale zu entwickeln und zu praktizieren. Und da auf dem Papier manches ganz anders aussieht als es sich hinterher in der Praxis tatsächlich darstellt, wird auch an Ritualen immer wieder »herumgefeilt«, werden sie verbessert und weiterentwickelt.

Dafür gibt es mehrere Gründe. Zum einen tragen wir damit der Tatsache Rechnung, dass jede Magie etwas sehr

Individuelles, Persönliches ist. Zwar gibt es allgemeingültige Grundstrukturen, zum Beispiel die Polaritäten männlich/weiblich, hell/dunkel, Grundtechniken wie die Arbeit mit Gesängen und Tanz, und so weiter, doch wirkt nicht jedes Ritual auf jede Hexe gleich. Im Coven ist die Einheitlichkeit gefordert, um eine gemeinsame Grundlage für die Gruppenarbeit zu haben, doch auch diese Gruppe ist wieder ein Individuum für sich, und so entwickelt jeder Coven früher oder später fast zwangsläufig seine eigenen Ritualversionen, die sich oft nur geringfügig — aber deswegen nicht minder entscheidend — von älteren Vorbildern unterscheiden.

Die Rituale, die wir ab nun in diesem Buch anbieten, stellen also nur Beispiele dar. Sie sind insoweit authentisch, als sie tatsächlich aus der Praxis stammen und in der hier geschilderten Form ausgeführt wurden und werden. Andererseits können sie nicht mehr sein als Muster, die zur Anregung dienen mögen und von jeder Hexe an ihre individuellen Bedürfnisse angepasst werden sollten.

Ohnehin stellt die veräußerlichte Form des Rituals, etwa der niedergeschriebene Text, tatsächlich nur den unwichtigeren Teil dar: Worauf es vielmehr ankommt, ist die Erfahrung
des Rituals, die sogenannte Erlebnisdimension, und diese ist sprachlich nicht vermittelbar. Was sich beim bloßen

unbeteiligten Anschauen vielleicht etwas blutleer und flach, ja möglicherweise sogar pompös oder gar albern lesen mag, kann sich in der Praxis als äußerst tiefgründig, als sehr bewegend und anrührend erweisen. Andererseits macht die angehende Hexe aber auch oft die Erfahrung, dass die von reinen Theoretikern entworfenen Rituale zwar oberflächlich betrachtet sehr schön und poetisch, ja stimmig und ergreifend wirken mögen, sich bei der Durchführung dagegen völlig hohl und nichtssagend »anfühlen«. Und oft genug gelangen zehn Hexen bei der Beurteilung ein und desselben Rituals zu zehn verschiedenen Meinungen!

Betrachten Sie unsere Rituale also bitte in erster Linie als Vorschläge und nicht als Dogmen. Sie stehen zwar in bester Hexentradition, doch wäre es Unfug behaupten zu wollen, es ginge nur so und nicht anders. Hexen, die derlei vorgeben, sind in Wirklichkeit vom echten Hexentum mit seiner anarchischen Vielfalt und seiner schier unglaublichen Toleranz gegenüber formalen Dingen viel entfernter als ein Christ, der in der stummen Zwiesprache mit seinem Gott seinen eigenen Worte, und seien diese auch noch so holprig, gegenüber den Druckvorlagen seines Katechismus den Vorzug gibt. Der Sinn, Rituale überhaupt schriftlich festzuhalten und zu veröffentlichen, besteht vor allem darin, dem Anfänger ein paar Anhaltspunkte zu liefern, damit ihm die praktische Orientierung leichter fällt.

Grundsätzlich ist zu Ritualen zu sagen, dass sie die dramaturgische Umsetzung mythischer und magischer Wahrheiten und Erkenntnisse darstellen. Mit dem Ritus begibt sich die Hexe hinaus aus dem Gefängnis ihrer Alltagssorgen und tritt ein in die Anderswelt der magischen Kräfte und der Erfahrung des Göttlichen. Durch Symbolhandlungen vereinigt sie sich mit den göttlichen, übergeordneten Kräften, die zugleich aus ihrem Inneren entspringen. Wenn die Hohepriesterin beispielsweise die Große Göttin »in voziert«, so bedeutet dies, dass sie die Gottheit solange anruft, bis sie in Trance mit ihr eins geworden ist. Alles, was sie ab diesem Zeitpunkt **tut,** tut sie nicht mehr in ihrer »normalen« Identität, es ist vielmehr die Göttin, die sich ihres Körpers als Vehikel bedient, die sich in diesem vorübergehend inkarniert.

Dadurch wird auch die magische Macht der Hexe gesteigert. (Bitte erinnern Sie sich kurz daran, was wir im 2. Kapitel zum Thema Macht gesagt haben!) Da sie nicht mehr »sie selbst« ist sondern die Göttin selbst, verfügt sie auch über deren Kraft und Fähigkeiten. Nur auf diese Grundlage sind wirkliche Zauber möglich. Nur die Gottheit (bzw. der Mensch im Bewusstseinszustand der Gottheit) kann über die Gesetze der bloßen Materie hinaus ins Kausalgefüge des Schicksals eingreifen und scheinbar »übernatürliche« Phänomene hervorbringen.

Es war von »Trance« die Rede. Die Trance der Hexe ist keines bloßen Bewusstseins Verlust, keine Ohnmacht. Vielmehr handelt es sich dabei um ein gesteigertes Bewusstsein bei voller Kontrolle. Diese Kontrolle geht freilich nicht so sehr vom Verstand aus wie vom magischen Instinkt. Die Volltrance, bei der sich die Hexe hinterher nicht mehr erinnern kann, was »sie« getan hat, ist die Ausnahme. Die Hexentrance wird erreicht durch Tanzen, Gesänge, Fasten, trancefördernde Mittel (z.B. geistige Getränke oder andere Elixiere in geringer Dosis) und so weiter, vor allem aber durch das Sich—offen—machen für den Eintritt der Gottheit. So ist das Ritual zum einen Instrument der Tranceerlangung und erlangt andererseits gleichzeitig nach ebendieser Trance, um wirklich wirksam zu werden. Äußere Anzeichen der Trance sind häufig eine gewisse Fahrigkeit der Körpermotorik, Schnaufen, Schweißausbrüche, leise Zuckungen, Schwanken, Röcheln oder ähnliches, ohne dass dies jedoch etwa als unangenehm empfunden würde. Physiologen sprechen bei der Trance von der Wirkung der Endorphine, körpereigenen Opiaten, die aufgrund bestimmter äußerer Reize im Gehirn ausgeschüttet werden und zu dem erwähnten veränderten Bewusstseinszustand führen.

All dies mag zunächst ziemlich theoretisch, kompliziert und schwierig anmuten, tatsächlich ist es jedoch ganz einfach, wenn man nur dazu bereit ist, sich der

Ritualerfahrung hinzugeben. Denn die Erfahrungen, mit denen der Hexenkult arbeitet, sind völlig natürlich und sind jedem Menschen bereits in die Wiege gelegt worden. Grundbedingung für die Praxis ist also die Praxis selbst, womit sich unser Kreis wieder geschlossen hätte. Wagen Sie den Versuch, und wenn es beim allerersten Mal nicht klappen sollte, so versuchen Sie es immer und immer wieder, bis die Barrikaden, die materialistische Erziehung und Umwelt in unserem Inneren errichtet haben, endlich nachgeben. Und erwarten Sie am Anfang nicht Zuviel: Die rituelle Trance kommt selten mit einem »Paukenschlag«, der Ungeübte erkennt oft gar nicht, dass er bereits in Trance ist, weshalb auch die oben angeführten körperlichen Phänomene als mögliche — aber nicht unabdingbar auftretende —Orientierungsmerkmale erwähnt wurden.

DIE AUSRÜSTUNG DER HEXE
Die magischen Waffen

Unter »Waffen« verstehen wir hier magische Instrumente, die im Ritual verwendet werden, es handelt sich also nicht unbedingt ausschließlich um Kriegswerkzeug! Im Idealfall sollte sich die Hexe alle Ritualgegenstände persönlich anfertigen, doch ist das nicht immer ohne weiteres durchführbar (z.B. das Schmieden des Schwerts). Deshalb wird häufig mit fertigen oder halbfertigen Produkten gearbeitet.

Die Robe

Viele Hexen ziehen es vor, traditionsgemäß unbekleidet zu arbeiten. Dies nennt man im englischen Wicca—Kult Skylab (= »im Himmelskleid«). Dies ist jedoch nicht immer machbar und sinnvoll, zumal bei Ritualen im Freien, wo sich nicht nur das Wetter sondern auch eventuelle Zuschauer als Hindernis erweisen könnten. Dann wird meist die Robe getragen. Die Robe dient dem magischen Schutz und symbolisiert zugleich das Abstreifen der Alltagsidentität und den Eintritt in die Anderswelt. Die Robe weist einen Kuttenschnitt auf und besteht in der Regel aus Naturfasern, vorzugsweise Seide (s. Abbildung 1). Ihre Farbe ist meistens schwarz, häufig wird jedoch auch mit weißen oder andersfarbigen Roben gearbeitet. Es gibt allerdings auch Hexen, die für jeden Ritualzweck eine eigene, andersfarbige Robe bevorzugen. Andererseits genügt für den Anfang auch ein ganz gewöhnliches Kleidungsstück, sofern dieses ausschließlich für Hexenarbeiten verwendet wird.

Das Ataman

Das (gelegen. auch: der) Ataman ist der schwarze Dolch der Hexe, mit dem die magischen Kreise gezogen und Geister im Zaum gehalten und gebannt werden, und so weiter. Viele Hexen arbeiten zusätzlich mit einem weißen Dolch. In diesem Fall dient der schwarze Ataman den konstruktiven oder »weißen« Arbeiten.

Das Schwert

Das Ritualschwert symbolisiert das Element Luft, mit ihm (anstelle des Atamans) wird gelegentlich auch der Kreis gezogen, je nach Traditionszugehörigkeit der Hexe. Material und Form des Schwerts sind zwar prinzipiell beliebig, doch gibt es bevorzugte Muster, beispielsweise ein Griff aus geschnitztem Holz, ein Heft aus zwei gegenläufigen kupfernen Mondsicheln mit dazwischen befindlichen Mondscheiben und eine Klinge aus Stahl.

Der Kelch

Der Kelch symbolisiert das Element Wasser und das Weibliche. Im Idealfall ist er aus Silber, seine Form ist beliebig.

Der Stab

Der Stab symbolisiert das Element Feuer und ist aus Holz geschnitzt, oft in Phallusform.

Das Tentakel

Das Pentakel symbolisiert das Element Erde und besteht aus Holz oder Kupfer. Für viele Hexen stellt das Pentakel auch einen Seelenspiegel dar, in den in symbolischer Form die Identität der Hexe individuell eingraviert wird. Geschieht dies nicht, so verwendet man magische Symbole wie beispielsweise das Pentagramm.

Das Räuchergefäß

Ein Utensil, in dem das Räucherwerk abgebrannt bzw. verdampft wird, meist aus Metall oder feuerfester Keramik.

Die Schale

In diesem Gefasst werden beim Grundritual Salz und Wasser vermischt.

Der Hexenkessel

Der berühmte »Hexenkessel« war seit alters her ein Ritualgegenstand des Hexenkults, der sowohl symbolische als auch große praktische Bedeutung hatte. Er ist ein Sinnbild des Todes und der Wiedergeburt, gleichzeitig dient er als Werkzeug: in ihm werden Absude gebraut, und beim Ritual steht er oft in der Kreismitte und wird der Zeremonie entsprechend geschmückt. Manche Hexen machen das Ritualfeuer im Kessel selbst.

Der Hexenbesen

Das vielleicht berüchtigtste Utensil der Hexen. Tatsächlich arbeiten nur noch die wenigsten heutigen Hexen damit. Der Hexenbesen war ursprünglich ein Phallussymbol, das teilweise auch zum Auftragen der Flugsalbe verwendet wurde. Er spielt eine Rolle vor allem bei der Hexenhochzeit (s. nächstes Kapitel) sowie als Instrument der Reinigung.

[Von den obigen Instrumenten werden Schwert, Kelch, Stab und Pentakel auch als Elementarwaffen bezeichnet, die, wie der Name schon sagt, für die Elemente Luft, Wasser, Feuer und Erde stehen.

Nicht alle Hexen arbeiten explizit mit den vier Elementen, daher benutzen auch nicht alle diese Waffen. Stattdessen stehen bei diesen Hexen Ataman und Kelch im Vordergrund, wobei der Kelch nicht für das Element Wasser steht sondern für das weiblich-vaginale Prinzip (vor allem beim Großen Ritus), das Ataman dagegen für das phallisch-männliche.
Auf jeden Fall gehören in allen Traditionen Ataman und Kelch zur rituellen
Grundausrüstung.]

Sonstige Gerätschaften und weiteres Zubehör

Weiterhin finden bei Hexenritualen gelegentlich (je nach Bedarf und individueller Vorliebe)
Verwendung: magischer Schmuck wie Ringe, Ketten, Sonnen- und Mondkrone; Pentagramme (Anhänger, Standsymbole); Figurinen und Bildnisse der Gottheiten; Geißel; Wachs—, Holz— oder Lumpenpuppen; Nadeln (zum Stechen der Puppen); magischer Spiegel (für die Deviation und die magische Fernbeeinflussung); Kristallkugel, Tarot— oder Wahrsagekarten (für Divination und Meditation); individuell geladene

Kraftobjekte (Fetische), Talismane und Amulette; diverse Kordeln (evtl. auch in verschiedenen Farben; für Knotenzauber, das Maßnehmen bei Einweihungen usw.); Kristalle und Edelsteine (für Heilungen und als magische Kraftspeicher); Stirnbänder (evtl. in verschiedenen Farben), und anderes mehr.

Von großer Wichtigkeit ist der Weihrauch, da Düfte stark trancefördernd sind. Dieser kann im Zubehörhandel beschafft, aber auch selbst gemischt werden. Er wird mit Hilfe von selbstzündenden Holzkohletabletten, die eine kleine Mulde aufweisen, verbrannt oder (bei flüssigem Räucherwerk) auf erhitzten Metallplatten verdampft. Ebenso Duftöle zur Salbung und so weiter. Für beide sind keine bestimmten Zusammensetzungen vorgeschrieben. Kerzen oder, bei Ritualen im Freien, Fackeln gehören ebenfalls zu jedem richtigen Hexenritual. Da der Tempel oder Ritualplatz in der Regel auch geschmückt wird, dürfen Blumen (auch getrocknete Feldblumen usw.), Früchte (je nach Jahreszeit) und ähnliches nicht fehlen.

Nicht vergessen werden darf auch der Altar, der sich im Norden des Kreises behemdet. Dabei handelt es sich um eine Abstellfläche für die magischen Utensilien. Dies kann ein eigens dafür angefertigtes Möbel sein oder eine Kommode, ein Tischchen o. ä. Bei der Arbeit Inder freier Natur dient ein großer Stein, ein Baumstumpf oder ein

Tuch, das auf dem Boden ausgelegt wird, als Altar. Auf dem Altar befindet sich stets die Altarkerze als Symbol des Lichts.

DIE SYMBOLE DER HEXEN

Die Anderswelt lebt durch das Symbol und das Bild, durch sie erlangt die Hexe Zugang zu ihr »Ein Bild ersetzt tausend Worte«, lautet ein altes Sprichwort. Wie alles andere im Hexenkult sind auch die Symbole nicht ausnahmslos festgelegt, weshalb hier auch nur die wichtigsten folgen sollen.

Das Pentagramm (aufsteigend) Das Symbol der fünf Elemente Erde, Wasser, Feuer, Luft und Geist sowie des vollkommenen Menschen. Eine uralte Schutzglyphe, die auch unter der Bezeichnung »Drudenfuß« bekannt ist.

Die Mondsichel Die Mondsichel ist das Symbol der Großen Göttin.

Die Hörner Die Hörner mit dem Lichtpunkt (= das dritte Auge) sind das Symbol des Großen Gottes.

Der keltische Kreis Der keltische Kreis ist ein Symbol der vier heiligen Himmelsrichtungen, der Erde und der Elemente.

Das achtspeichige Rad Das achtspeichige Rad ist ein Symbol des Kreislaufs von Leben, Tod und Wiedergeburt, des Jahreslaufs und des ewigen Wandels.

Das Pentagramm (absteigend) Das absteigende Pentagramm wird fast ausschließlich für destruktive Arbeiten (Schadenszauber, Flüche usw.) verwendet, gelegentlich aber auch zum Herabrufen von Energien.

Das Grundritual, welches nun folgt, stellt eine Art »kleinsten gemeinsamen Nenner« zwischen Hexen verschiedenster Abkunft dar. Es orientiert sich an der Tradition des englischen Wicca—Kults, findet sich aber in ähnlicher Form auch bei anderen Hexen.

DAS GRUNDRITUAL DES HEXENKULTS

Die Gliederung des Rituals

1) Ziehen des Kreises

2) Anrufung der vier Hüter der Himmelsrichtungen und Elemente

3) Anrufung der Gottheiten

4) Herstellen des Kraftkegels

5) Hauptteil: Jahresfestritus, Einweihung, Zauber usw.

6) Abschluss und Bannung

(Das Ritual kann allein oder in einer Gruppe durchgeführt werden. Für die Arbeit ohne Gruppe ist die Anleitung sinngemäß zu ändern.) Die Hexen stehen an der Stelle, um die der Kreis gezogen werden soll. Der Kreis darf vor dem Ende des Rituals nicht verlassen werden.

1. Das Ziehen des Kreises

Die Hohepriesterin beginnt im Norden und zieht mit ausgestrecktem Arm mit ihrem Ataman den Kreis im

Uhrzeigersinn. Dabei spricht sie laut: »Ich errichte einen Tempel zwischen den Welten und jenseits der Zeit. «

Auf dem Altar wird eine Schale voll Salz geweiht: »Ich weihe dich, Wesen der Erde, dass du rein und heilig seist im Namen des Gehörnten und der Erde [hier können auch die
Namen der Gottheiten eingesetzt werden, wie sie der Coven zu verwenden pflegt]. «

Der mit klarem Wasser gefüllte Kelch auf dem Altar wird geweiht: »Ich weihe dich, Wesen des Wassers, dass du rein und heilig seist im Namen des Gehörnten und der Erde [s.o.]. «

Der Hohepriester gibt das Salz in die Schale, und die Hohepriesterin geht damit im Kreis umher und sprenkelt einige Tropfen davon in jede Himmelsrichtung.

Nun geht der Hohepriester mit dem Räuchergefäß von innen den Kreis ab und schwenkt es in jede Himmelsrichtung. Der Hohepriester wiederholt das gleiche mit der Altarkerze.

Während des Kreisziehens konzentrieren sich die anderen Mitglieder des Covens auf das Geschehen, sie können es aber auch mit leisem Gesang, Summen oder gedämpftem Trommelschlag begleiten.

2. Die Anrufung der vier Hüter der Himmelsrichtungen und der Elemente

Nun ruft die Hohepriesterin, wahlweise auch der Hohepriester, die vier Hüter der Himmelrichtungen und der Elemente an, beginnend im Norden.

Dabei werden im Norden die Worte gesprochen: »Seid gegrüßt, ihr Herrscher des Nordens, sei gegrüßt, Herrin der Erde. Ihr Bewohner der Felsen und Berge, kommt, schützt und begleitet diese Zeremonie und verleiht uns den Schild der ehernen Ruhe. «

Im Osten: »Seid gegrüßt, ihr Herrscher des Ostens, sei gegrüßt, Herr der Lüfte. Ihr Reiter auf den vier Winden, kommt, schützt und begleitet diese Zeremonie und verleiht uns das Schwert der klaren Unterscheidung. «

Im Süden: »Seid gegrüßt, ihr Herrscher des Südens, sei gegrüßt, Herr des Feuers. Ihr Geist der Flammen, kommt, schützt und begleitet diese Zeremonie und verleiht uns den Stab der magischen Kraft. «

Im Westen: »Seid gegrüßt, ihr Herrscher des Westens, sei ~gegrüßt, Herrin der Wasser. Ihr Kinder der Seen und der Flüsse, kommt, schützt und begleitet diese Zeremonie und verleiht uns den Kelch der Heilung. «

Alle Anwesenden folgen der Blickrichtung. Zum Schluss wird der Ataman von Hohepriesterin oder Hohepriester zuerst an die Lippen und dann ans Herz gelegt.

3. Die Anrufung der Gottheiten

Die Anrufung der Gottheiten sollte mit eigenen Worten geschehen, deshalb folgen hier auch nur Vorschläge.

Es wird begonnen mit dem Herabziehen der Mondin:

Die Hohepriesterin steht mit dem Rücken zum Altar, den Stab in der Rechten und die Geißel in der Linken, die Arme vor der Brust gekreuzt. Der Hohepriester kniet vor ihr und verabreicht den fünffachen Kuss: auf beide Füße, auf beide Knie, auf Schoß, Brüste und Lippen. Dabei spricht er jeweils:

»Gesegnet seien deine Füße, die dich hierher trugen. «

»Gesegnet seien deine Knie, die vor dem Heiligen Altar knien sollen. « »Gesegnet sei dein Schoß, ohne den wir alle nicht wären. «

»Gesegnet seien deine Brüste, die in Schönheit geformt sind. «

»Gesegnet seien deine Lippen, die die Heiligen Namen aussprechen werden. «

Hat der Hohepriester den Schoß erreicht, nimmt die Hohepriesterin die Haltung des Pentagramms ein: Arme seitlich ausgestreckt, Beine gespreizt, Körper aufrecht. Dies wird die »segnende Stellung« genannt.

Nach dem fünffachen Kuss umarmen sich Hohepriester und Hohepriesterin, wobei sich ihre Füße berühren sollen.

Nun kniet der Hohepriester wieder vor der Hohepriesterin nieder, die in der segnenden Stellung verharrt, und ruft folgendermaßen die Göttin an: »Ich beschwöre Dich und rufe Dich an, unser aller Mächtige Mutter, Gebern der Fruchtbarkeit; bei Same und Wurzel, bei Knospe und Stiel, bei Blatt und Blüte und Frucht, bei Leben und Liebe beschwöre ich Dich, in den Körper dieser Deiner Hohepriesterin und Dienerin herabzusteigen.«

Dabei beschreibt er über Brüsten und Bauch der Hohepriesterin mit den Fingern ein absteigendes Dreieck. Immer noch kniend, breitet er die Arme aus und spricht dabei:

»Heil, Göttin [Name der Göttin, wie er im Coven gebräuchlich ist], ergieße Deine Liebe über uns; ich verneige mich tief vor Dir und ziere mit Opfern der Liebe Deinen Heiligen Schrein. Meine Lippen auf Deinem Fuß ...«

Er küsst ihre rechten Fuß und fährt fort:

»... und mein Gebet steigt auf mit dem Rauch; so schenke uns Deine Liebe, Du Machtvolle, steige herab, uns zu helfen. «

Er erhebt sich, tritt einen Schritt zurück und schaut die Hohepriesterin an. Diese zieht mit dem Stab vor sich das Pentagramm und spricht:

»Von der Dunklen und Göttlichen Mutter: Mein ist die Geißel und mein ist der Kuss; Der fünfstrahlige Stern der Liebe und des Glücks —so weihe ich dich in diesem Zeichen. «

Nun wendet sich der Hohepriester an den anderen Ritualteilnehmer, hebt die Arme und ruft:

»Höret nun die Worte der Großen Mutter, die von alters her unter den Menschen auch gerufen wurde Artemis, Astarte, Athene, Dione, Melusine, Aphrodite, Cerridwen, Dana, Arianhod, Isis, Braut und mit vielen anderen Namen mehr.« [Nach jedem Namen macht er eine kleine Pause.]

Die Hohepriesterin spricht:

»Wann immer ihr einer Sache bedürft, einmal im Monat, und besser sei es zum vollen Monde, dann sollt ihr euch an einem geheimen Ort versammeln und mich in meinem Geiste verehren, mich, die ich die Königin aller Hexen bin. Dort sollt ihr euch versammeln, ihr, die ihr danach trachtet, alle Zauberei zu erlernen, ihre tiefsten Geheimnisse jedoch noch nicht erschlossen haben. Jene werde ich diese Dinge lehren, die bisher unerkannt geblieben. Ihr sollt frei sei von der Sklaverei, und als Zeichen eurer wahren Freiheit sollt nackt ihr sein bei euren Riten, und ihr sollt tanzen, singen, feiern, musizieren und euch lieben, all dies zu meinen Ehren. Denn mein ist die Verzückung des Geistes, und mein ist auch die Freude auf Erden; denn mein Gesetz ist die Liebe zu allen Wesen. Haltet rein euer höchstes Ideal; strebt immer ihm nach; lässt nichts euch abhalten oder vom rechten Pfad hinwegführen. Denn mein ist das geheime Tor, das in das Land der Jugend führt, und mein ist der Kelch des Weins des Lebens und der Kessel der Cerridwen, welcher der Gral der Unsterblichkeit ist. Ich bin die gnädige Göttin, die die Gabe der Freude in die Herzen der Menschen legt. Auf Erden beschere ich das Wissen um den ewigen Geist; und jenseits des Tores beschere ich Frieden, Freiheit und Vereinigung mit jenen, die euch vorangegangen sind. Auch verlange ich nicht nach Opfern; denn seht: Ich bin die Mutter alles Lebenden, und ich verströme meine Liebe auf die Erde. «

Der Hohepriester spricht:

»Lauschet nun den Worten der Sternengöttin; im Staub zu Ihren Füßen wandeln die himmlischen Heerscharen, und Ihr Leib umfasst das All. «

Die Hohepriesterin spricht:

»Ich, die ich die Schönheit der grünenden Erde bin und die weiße Mondin unter den Sternen und das Mysterium der Wasser und das Verlangen im Herzen der Menschen, rufe deine Seele an. Erhebe dich und komme zu mir. Denn ich bin Geist und Seele der Natur, die dem All das Leben schenkt. Aus mir entspringen alle Dinge, und zu mir kehren sie zurück; und vor meinem Angesicht, von Göttern geliebt und von Menschen, lasse deine tiefste göttliche Seele von der Verzückung des Unendlichen umhüllen. Möge das jauchzende Herz mich verehren; denn siehe, alle Taten der Liebe und der Freude sind Riten zu meinen Ehren. Und also lasset in euch sein Schönheit und Kraft, Macht und

Mitgefühl, Stolz und Demut, Freude und Ehrfurcht. Und du, der du danach trachtest mich zu suchen, wisse, dass all dein Suchen und Sehnen vergeblich sein werden, so du das Mysterium nicht kennst; dass, so du jenes, welches du suchest, in deinem Inneren nicht faden solltest, du es im Außen nimmer finden wirst. Denn siehe, ich weile bei dir seit Anbeginn der Zeiten und bin die Erfüllung allen Verlangens. «

Die Teilnehmer begrüßen die Ankunft der Großen Göttin mit rhythmischem Gesang:

»Isis — Astarte — Diana — Hekate — Demeter — Kali — Inanna.«

Mit der Kraft der Göttin segnet der Hohepriester nun den Wein im Kelch und lässt ihn einmal herumgehen; jeder Teilnehmer nimmt einen kleinen Schluck davon.

Jetzt ruft der Hohepriester den Großen Gott in sich hinein, indem er spricht:

»Erbebe in gleißender Lust des Lichts! 0 Mann, mein Mann! Stürme heran aus dem Dunkel der Nacht des Pan! Iod Pan! Io Pan! Io Pan! Über die See sollst du zu mir ziehen — aus Sizilien, aus Arkadien —! Komm als Bacchus mit faunisch Gelächter ~mit Nymphen und Satyrn als deine Wächter. Über die See komm herbei auf weißem Getier. Zu mir — zu mir!

Komm mit Apollo im Brautgeschmeid, als Priesterin oder im Hirtenkleid —komm auf seidenen Schuhen der Artemis, und wosch deinen Schenkel, du Gott, und —dies. In dem Monde der Wälder auf marmornem Fels, in der dämmrichten Höhlung des goldgelben Quells wilden

Gebetes Purpur tauch ein in die blutrote Schlinge, den Scharlachschrein! Der Seele unschuldig Auge erschrickt, wenn es deine quellende Wonne erblickt, wie sie durchsickert den Busch, den Baum des Lebens, der ist Geist und Traum und Leib und Hirn — komm übers Meer (Io Pan! Io Pan!)

Gott oder Teufel, zu mir her, zu mir her, mein Mann! Mein Mann! Komm mit schrillem Trompetenklang, vom Berges/lang! Komm mit dumpfem Trommelschall vom Wasserfall! Mit Flötenblasen und grellem Gepfeife—! Bin ich nicht reif?

Ich, der wartend und werkend sich windet, ermattet nur Leere umarmt, die schwindet vor meinem Zugriff der sehnenden Brunst meines Leibes voll Löwenstärke und Schlangenkunst —Komm herbei! Mach mich frei!

Von meiner Tumbheit und einsamen Teufelei! Zerschlage die Fessel, die mich noch bezwingt, du, der alles erschafft und verschlingt! Das Zeichen des Offenen Auges gib mir! Des dornigen Schenkels steilragend Rapier! Heiligen Wahnsinns geheimes Panier —O Pan! Io Pan! Io Pan! Io Pan! Pan! Pan, ich bin ein Mann —tu was du willst, wie nur ein Gott es kann O Pan! Io Pan! Io Pan! Io Pan! Oh, wie lange bin ich erwacht im Griff der Schlange! Der Adler hackt, seine Krallen fassen! Die Götter verblassen Deine großen Bestien kommen! Io Pan! Auf seinem Horn trägt mich in den Tod die Union. Ich bin Pan! Io Pan! Io Pan! Pan! Ich bin dein Weib, ich bin dein Mann dein Herdenbock, dem man Goldene Göttlichkeit gab, Fleisch deinen Knochen, Blüte dem Stab. Von Sonnenwende bis Aquinos klirrt mein Huf auf der Härte des Felsenblocks. Und ich reiße und rase und Wut durch die Weiten —ewig und immer, bis ans Ende der Zeiten, Männlein, Mägdlein, Mänade, Mann —in der Macht von Pan. Io Pan! Io Pan! Pan! Io Pan!«

Der Hohepriester gibt die Kraft des Großen Gotts an die anderen weiter, indem er sie mit seinem Stab berührt, was meist an der Nasenwurzel, also zwischen den Augen geschieht, wo sich das Dritte Auge befindet.

4.Herstellen des Kraftkegels

Ist die Energie der gerufenen Götter nun da, setzen sich die Teilnehmer in Bewegung und beginnen mit dem Kreistanz, wobei sie singen, summen, trommeln, rasseln, schreien können. Dabei wird auch eine uralte Formel gerufen:

»

E

k

o,

E

k

o,

A
z
ar
a
k,
E
k
o,
E
k
o,
Z
a
m
il
a
k,
Eko, Eko, Cernunnos
Eko, Eko, Aradia!«

[In der dritten und vierten Zeile werden anstatt »Cernunnos« und »Aradia« für gewöhnlich jene Namen der Gottheiten eingefügt, die der Coven zu verwenden pflegt. Auch wird die Formel meist in einen anderen, längeren, vom Coven selbst geschriebenen Text integriert.

Dies geschieht so lange, bis ein gewaltiges Kraftfeld aufgebaut ist, das meist als Kegel empfunden wird, dessen Spitze hoch über der Kreismitte in den unendlichen Himmel emporragt

5. Hauptteil: Jahresfestritus, Einweihung, Zauber usw.

Nun folgt der Hauptteil des Rituals; hierbei können Einweihungen stattfinden, die Jahresfeste begangen, Zauber für bestimmte Zwecke durchgeführt, Talismane und Amulette geladen, Heilungen unternommen werden usw. Dazu wird die durch das Herstellen des Kraftkegels gebündelte Energie verwendet.

6. Abschluss und Bannung

Nun folgt eine Phase der Ruhe und Entspannung, auch der Meditation. Vor allem bei den Jahresfesten beginnt nun der »gemütliche« Teil, man verzehrt die Speisen und den Wein, plaudert mit einander, erzählt sich Witze und **tut,** was einem beliebt. Je lockerer, umso besser, denn der Hexenkult ist keine triste, humorlose Religion!

Zum obigen Grundritual ist noch anzumerken, dass manche Coven es lieber so halten, dass Hohepriesterin und Hohepriester die Gottheiten selbst in sich hineinrufen (in vozieren); in diesem Fall ist es also nicht der Hohepriester, der die Mondin in die Hohepriesterin hinabzieht.

Dieses Grundritual dient als »Klammer« für alle anderen Rituale, ob sie nun anlässlich der
Sabbate, also der Jahresfeste, oder der Esbats, der monatlichen Treffen (meistens zu Vollmond) stattfinden. Da es im Sonnenjahr dreizehn Vollmonde gibt, trifft sich der Coven also mindestens dreizehn Mal — eine weitere Erklärung für die 13 als »Hexenzahl«!

Der magische Kreis wird oft vor Beginn der Zeremonie mit Mehl, Steinen oder auch einer Kordel oder einem Band markiert.

DIE GRADE

Der Hexenkult in seiner Ausprägung des Wicca kennt zwei Grade: Priestern/Priester, und Hohepriesterin/Hohepriester. Die Weihe zu den Priestern beziehungsweise zum Nester, also der erste Grad, ist identisch mit der Einweihung in den Hexenkult selbst, es gibt bei uns also nur Priesterinnen und Priester, aber keine Laien. Damit wird verhindert, dass eine Priesterkaste aus dem Zugang zu den Göttern ein Monopol macht und die »Gemeinde« ausschließt oder gar in die Abhängigkeit treibt. Das oben geschilderte Grundritual ist für die Arbeit im Coven entwickelt worden, deshalb werden die Hauptfunktionen auch von der Hohepriesterin und dem Hohepriester wahrgenommen. Ebenso gut können aber auch kleinere Gruppen (beispielsweise auch ein Hexenpärchen), von denen noch kein Mitglied die Weihe zur Hohepriesterin oder zum Hohepriester erlangt hat, diesen Ritus vollziehen. Ja zu Übungszwecken (denn natürlich muss man zur Erreichung des zweiten Grads schon über einige Erfahrung verfügen) können Hohepriesterin und Hohepriester ihre Ämter innerhalb des Covens für die Dauer des Rituals an entsprechende Kandidaten delegieren.

Wir sehen daran, dass das Gradsystem im Hexenkult nicht allzu starr ist, wie es ja auch dem freien Wesen unserer Religion entspricht. Worin besteht dann aber der zweite Grad? Nun, vor allem handelt es sich dabei um die förmliche Anerkennung der praktischen Erfahrung einer Hexe. Im Grunde ist es völlig unerheblich, welchen Grad eine Hexe innehat, wenn sie nicht zugleich auch über die dafür erforderlichen praktischen Qualifikationen verfügt. Hohepriesterin und —Priester leiten oft ihre eigenen Coven, und dazu gehören viel Menschenkenntnis, Urteilsvermögen und natürlich auch ein großes Gespür für feinstoffliche Energien und magische Zusammenhänge. Ein Ritual gekonnt zu leiten will gelernt sein - nicht immer läuft alles so ab, wie es sich bei der Vorbereitung lesen mag, und es obliegt den Ritualleitern, diesen Prozess im Griff zu behalten, um Pannen zu vermeiden, die der gesamten Gruppenenergie abträglich sein könnten. Deshalb dauert es in der Regel auch einige Jahre, bis der Anfänger den zweiten Grad verliehen bekommt. Ganz bewusst wollen wir das Ritual dieser Gradverleihung, wie wir persönlich es praktizieren, hier auch nur in seinen groben Grundzügen schildern, ohne näher auf Einzelheiten einzugehen. Denn Ziel dieses Buchs ist es, Menschen, die sich ernsthaft für den Hexenkult interessieren, dabei zu helfen, die ersten Schritte in diese Richtung zu tun — nicht aber, plötzlich einen »Boom« selbsternannter »Hexen zweiten Grades« zu provozieren, die andere Suchende und Anfänger nur verunsichern und in die Irre führen würden. Der Hexenkult hat auch so schon Zuviel unter den Machenschaften Publicity— und geldgieriger Scharlatane (Tegtmeier und Crowley!!!) leiden müssen!

Wenn für Sie die Zeit gekommen ist, den zweiten Grad zu erhalten, werden die Götter auch dafür sorgen dass es geschieht, nicht einen Augenblick später, aber auch keine Sekunde früher! Darauf können Sie sich unbedingt verlassen. Und wer dieses Urvertrauen durch gründliche Praxis und ständige Zwiesprache mit den Göttern nicht entwickelt hat, dem steht der zweite Grad ohnehin noch nicht zu

Wie bei fast allem, was man über den Hexenkult sagt, gibt es freilich auch beim
Gradsystem eine Menge Ausnahmen. Vor allem die Hereditären kennen kein formales Gradsystem und lehnen ein solches auch ab. Dennoch unterscheiden auch sie zwischen erfahrenen und unerfahrenen Hexen und kennen ihre subtilen Abstufungen, einschließlich geheimer Erkennungszeichen und Zauberformeln. Doch wer aus einer echten Hexenfamillie stammt, für den gelten ohnehin in vielen Punkten ganz andere Gesetze.

Irrtümlich wird gelegentlich auch von einem »dritten Grad« im Hexenkult gesprochen. Dies beruht wohl auf dem Missverständnis schlecht informierter Journalisten, die in den sechziger Jahren entsprechende Gerüchte in die Welt setzten. Sie benannten den Großen Ritus als »dritten Grad«, was jedoch völlig falsch ist. In Wirklichkeit handelt es sich beim Großen Ritus um ein Ritual, bei dem die Verschmelzung der Polaritäten Weiblich/Männlich vollzogen wird: die Göttin vereint sich mit dem Gott, die Priestern mit dem Priester. Dieser Ritus ist nicht einmal den Inhabern des zweiten Grads vorbehalten, jedes Mitglied des Hexenkults kann ihn mit einem anderen Mitglied durchführen. Wir werden weiter unten noch näher auf den Großen Ritus eingehen.

DIE EINWEIHUNG

Die Einweihung in den Hexenkult stellt zugleich eine Aufnahme in den einweihenden Coven dar. Grundsätzlich gilt, dass jede angehende Hexe, sofern sie nicht aus einer authentischen Hexenfamilie stammt, nur von einer anderen geweihten Hexe eingeweiht werden kann, in den meisten Traditionen auch nur von einer Hohepriesterin oder einem Hohepriester.

Die sogenannte »Selbsteinweihung« vor allem des Seax Wicca ist innerhalb des Kults sehr umstritten und soll hier nicht ausführlich behandelt werden. Sie setzt zudem eine Intensität der Erlebnisfähigkeit voraus, die vom Anfänger nur in den allerseltensten Fällen aufgebracht wird. Fehlt diese aber, so wird aus der ganzen Zeremonie bestenfalls eine harmlose Farce, schlimmstenfalls jedoch sogar ein gefährlicher Akt der Öffnung für feinstoffliche Kräfte, die ohne hinreichende Vorbereitung verheerende Folgen haben können (Depressionen, geistige Verwirrung, psychotische Schübe, psychosomatische Erkrankungen und ähnliches). Deshalb empfehlen wir grundsätzliche vom Versuch einer Selbsteinweihung ohne genaue Anleitung abzusehen.

Vor der Einweihung werden die Kandidaten in der Regel einige Wochen in die Grundzüge des Hexenkults eingewiesen. Dabei wird zwar kein Geheimwissen des

Covens preisgegeben, doch erfolgt die Vorbereitung immerhin so gründlich, dass es nach der Einweihung keine Übergangsschwierigkeiten gibt. In dieser Vorbereitungszeit fertigen die Kandidaten auch ihre wichtigsten Hexenwaffen beziehungsweise ihr Ritualzubehör an: Ataman (ggfs. auch den weißen Dolch), Schwert, Kelch, Stab, Pentakel, Geißel, Robe, Räuchergefäß, und die Schale zum Mischen von Wasser und Salz. Diese Gerätschaften werden zur Einweihung mitgebracht. Außerdem suchen sich die Kandidaten vor der Einweihung ihren Hexennamen aus.

Die Einweihung erfolgt gegengeschlechtlich: die Hohepriesterin weiht also männliche Kandidaten ein, der Hohepriester weibliche. Sie ist, wie alle anderen Riten auch, in das bereits geschilderte Grundritual umgebettet. Im folgenden Beispiel gehen wir von der Einweihung einer weiblichen Hexe aus. Bei Einweihung eines Mannes ist entsprechend anders zu verfahren.

Die Kandidatin wird aufgefordert, sich einer gründlichen Waschung zu unterziehen, um den Göttern in reinem Zustand gegenüber zu treten. Dann kniet sie nackt von Beginn der Zeremonie an vor dem Altar im Kreis. Die Hände sind ihr auf den Rücken gefesselt, mit den Füßen verbunden und so verzurrt, dass sie nicht aus eigener Kraft aufstehen kann. Zudem sind ihr die Augen verbunden.

Auf dem Altar liegen, noch ungeweiht, ihre Ritualgerätschaften.

Das Grundritual wird durchgeführt, bis die Götter gerufen worden sind.

Nun berührt der Hohepriester die Kandidatin mit der Spitze des Schwerts an der linken Brust und fragt: »Oh du, die du an der Schwelle der gefürchteten Hüter des Alls stehst, hast du den Mut, den Übergang zu wagen? « Erpresst die Spitze des Schwerts fester in die Haut der Kandidatin und fährt fort: »Denn wahrlich, es Ware besser, du stürztest dich in mein Schwert und stürbest, als es mit Furcht im Herzen zu versuchen. «

Die darauf vorbereitete Kandidatin erwidert: »Ich habe zwei vollkommen Passwörter: vollkommene Liebe und vollkommenes Vertrauen. «
Der Hohepriester antwortet: »Diese sind uns doppelt willkommen. « Er fährt fort: »Und ein drittes Passwort will ich dir gewähren, das dich durch das schreckliche Tor führen wird. « Er küsst die Kandidatin auf den Mund.

Nun stellt der Hohepriester der Kandidatin die zweite Frage der Einweihung: »Bevor du den Eid der Einweihung ableistest, frage ich dich: Bist du bereit, die Prüfung der Reinigung zu erleiden? « Die Kandidatin antwortet: »Ich bin bereit. «

Nun erfolgt die Geißelung: Die Hohepriesterin schlägt die Kandidatin 7 Mal mit der Geißel, daraufhin schlägt der Hohepriester sie 14 Mal, und zum Abschluss schlägt die Hohepriesterin die Kandidatin erneut, und zwar 21 Mal, jeweils aufs Gesäß. [Auch diese Reihenfolge wird bei einem männlichen Kandidaten vertauscht.]

Mit dem letzten Hieb stellt der Hohepriester die dritte Frage der Einweihung: »Du, die du die Prüfung der Reinigung bestanden hast, bist du nun bereit zu schwören, dass du unserer Hexenkunst stets treubleiben willst, deine Schwestern und Brüder zu beschützen und ihnen beizustehen, und wenn es dich das Leben kostete?«

Die Kandidatin erwidert: »Ich bin bereit. «

Der Hohepriester löst die Fesseln der Kandidatin und nimmt mit dem Strick ihr Maß vom
Scheitel bis zur Sohle. [Das überschüssige Stück wird abgeschnitten.] Dabei spricht er: »So nehme ich, o [Hexenname], hiermit dein Maß. «

Der Hohepriester behält das Maß in der Hand und spricht weiter: »Nun sprich mir nach: Ich [Hexenname] schwöre feierlich und aus freiem Willen m Beisein der mächtigen Götter, dass ich die Geheimnisse der Kunst stets bewahren und niemals preisgeben werde, es denn einem dafür geeigneten Menschen. Und ich schwöre all dies bei meinem

Leben, wissend, dass mein Maß genommen wurde. Und mögen sich meine eigenen Waffen gegen mich richten, wenn ich meinen Eid brechen sollte. «

Die Kandidatin spricht den Eid satzweise nach.

Der Hohepriester nimmt sie am Arm und führt sie im Kreis umher, wobei er sie den Hütern der Wachtürme in den vier Himmelsrichtungen vorstellt, beginnend im Norden und fortfahrend im Uhrzeigersinn. Dabei spricht er: »Höret, Ihr Herrscher der Wachtürme, dass [Hexenname der Eingeweihten] nun eine geweihte Priestern und Hexe ist. Schützt sie und erleuchtet ihren Weg. «

Unterdessen können die anderen anwesenden Hexen (mit Ausnahme der Hohepriesterin) mit dem Kreistanz beginnen und das übliche »Eko, Eko, Azarak« intonieren.

Nun führt er die Kandidatin wieder zum Altar, wo er ihr die Augenbinde abnimmt und diese zusammen mit dem Maß auf den Altar legt. Der Kreistanz endet, sobald der Kraftkegel der Gruppenenergie hergestellt ist.

Als nächstes weiht die Hohepriesterin die Ritualgerätschaften (Waffen) der neuen Hexe. [Dies **tut** sie auch bei der Einweihung einer männlichen Hexe.] Sie überreicht ihr die Waffen und erläutert sie.

Während der nun folgenden Feier werden die Speisen und Getränke gemeinsam verzehrt, und der Kandidatin werden die besonderen Regeln des Covens mitgeteilt und erklärt.

Der Rest des Rituals folgt dem üblichen Lauf.

Die Geißelung ist ein alter Reinigungsritus, mit dem die angehende Hexe vom Schmutz des Alltags und der Entfremdung von den Göttern befreit wird. Sie sollte nicht zu sanft, aber auf keinen Fall zu heftig oder gar brutal durchgeführt werden. Der körperliche Schmerz war schon seit Urzeiten ein Mittel der Bewusstseinsveränderung und der Einweihung. Das Lösen der Fesseln ist eine symbolische Befreiung der Hexe aus dem
Zustand der Unwissenheit, die Nacktheit stellt die Unschuld dar, und das Lösen der Augenbinde ist die Erleuchtung durch das Licht, durch das Schauen der Gottheiten. Das Maß verbleibt traditionell im Besitz des Covens, wird gelegentlich aber auch nach der Zeremonie an die Neueingeweihten zurückgegeben.

Zur »Nachbereitung« der Einweihung gehört es, dass die neue Hexe in der nun folgenden Zeit regelmäßig an den Esbats und Sabbaten des Covens teilnimmt, von ihren Brüdern und Schwester in die Hexenkunst eingewiesen wird und ihre magischen Fertigkeiten schult.

DER ZWEITE GRAD

Wir haben bereits erklärt, weshalb wir über Verleihung des zweiten Grads, also der Weihung zum Hohepriester beziehungsweise zur Hohepriesterin keine genaueren Einzelheiten preisgeben wollen. Geschieht die Gradverleihung rituell, was nicht immer der Fall ist, so ist dies ein sehr langwieriges Ritual, das sich über mehrere Stunden hinzieht, wie es denn ja auch oft Jahre dauert, bis der zweite Grad verliehen wird. Dabei werden rituell mythische Begebenheiten aus der Geschichte des Hexenkults nachgespielt und die Kandidaten werden förmlich zu Hohepriestern geweiht.

Die Pflichten des zweiten Grads bestehen darin, Einweihungen durchzuführen, im Falle des Überschreitens der vorgeschriebenen Mitgliederzahl eines Covens einen Tochtercovens aufzumachen, Rituale zu leiten und den jüngeren, unerfahreneren Covenmitgliedern bei ihrer Hexenkunst zur Seite zu stehen.

DIE JAHRESFESTE

Für die Feiern der Jahresfeste gibt es keine festgelegten Rituale, sie werden von jedem Coven individuell begangen. Deshalb wollen wir im Folgenden auch neben einer kurzen Darstellung der Bedeutung der einzelnen Feste nur skizzenartig einige Anregungen für ihre Feiern geben. Diese werden in den Hauptteil des Grundrituals eingefügt. Ausführlichere Informationen über die Jahresfeste und ihre Bräuche finden sich in der einschlägigen Literatur. Die keltischen Bezeichnungen der Großen Sabbate wurden miteinbezogen, weil viele Hexen sie nur unter diesen Namen begehen.

Der Hexenkult feiert folgende Jahresfeste oder Sabbate:

Allerheiligen (keltisch: Sahin)(1.November)

Das christliche Fest Allerheiligen ist das alte keltische Samhain, eine Totenfeier und der Beginn des keltischen Winters. Es handelt sich dabei um das dunkle Gegenstück zum Maifest (Walpurgis), mit dem der Frühling willkommen geheißen wird. In alter Zeit wurde nun das überzählige Vieh, das aufgrund mangelnder Möglichkeiten der Futterlagerung nicht über den Winter gebracht werden konnte, abgeschlachtet und eingepökelt. Dies geschah zu Samhain (ein Ausdruck, der wörtlich »Sommerende« bedeutet). Im Englischen Volksbrauchtum wird das Fest auch als Halloween gefeiert. Es ist auch die Zeit, da alte Sorgen und Beschwerden im rituellen Feuer verbrannt wurden — ein Abschied in mancherlei Bedeutung des Worts.

Der Coven feiert seine Toten und die Jagd des Gottes oder der Göttin über die Dächer der Dörfer, über die Auen und Wälder. Das »Feiern« ist durchaus wörtlich gemeint: Zwar sollte das Ritual auch Raum für Besinnung und Meditation bieten, dennoch handelt es sich zugleich um ein Fest des freudigen Übergangs.

Verwendete Ritual— und Meditationssymbole: Tod; Friedhof; Knochen; kahle Bäume; Eiben; Efeu.

Julfest (22.Dezember)

Das Julfest ist zugleich die Wintersonnenwende, ein uraltes Fest, das mit »Weihnachten« als Geburt Christi erst später vom Christentum mit Beschlag gelegt wurde. (Der altiranische Sonnengott Mithras wurde ebenfalls um diese Zeit geboren.) Auch die altrömischen Saturnalien fanden zu diesem Zeitpunkt statt. Wie der Begriff »Wintersonnenwende« schon besagt, wird nun die Geburt des neuen Lichts begrüßt. Es handelt sich also um das Gegenstück zum Mittsommerfest. Der Winter, der nun seine Mitte erreicht hat, geht jetzt zur Neige, die Kräfte des Lichts siegen über die Dunkelheit und man sieht freudig dem Frühling entgegen. Das Wort »Jul« bedeutet im Nordischen »Rad«, und mit dem Symbol des Rades wurde dieses Fest auch dargestellt. Es ist das Rad des Jahreszeitenlaufs, aber auch der Geburt, des Todes und der Wiedergeburt. Auch der Tod des Ilex—Königs (des englischen »Holly King«) wird jetzt begangen und wurde in alter Zeit auch regelrecht als Menschenopfer praktiziert — damit die Natur wieder fruchtbar werden konnte. (Ein heidnischer Brauch, der zu sehr vielen Missverständnissen Anlass gegeben hat und uns Hexen fälschlicherweise den Ruf eintrug, wir würden mit Vorliebe Säuglinge Schlachten!)

Der Coven feiert die Geburt des Sonnengotts und die »12 Heiligen Nächte der Mutter«, auch Geschenke werden ausgetauscht (ein Brauch, der ebenfalls weitaus älter ist als das Christentum). Die Göttin offenbart ihren Aspekt des »Lebens im Tode«.

Verwendete Ritual—und Meditationssymbole: Krippe; Gebäck; Feuer, Tannen; Ilex (Stechpalme).

Lichtmess (keltisch: Imbolg, auch Imbole)(1.Februar)

Das keltische »Imbolg« bedeutet »im Bauch, im Schoß«. Hier rührt sich der Frühling im Schoß der Erde, es ist das Fest des wiedererwachenden Lichts (daher auch die christianisierte Bezeichnung »Lichtmess« = »Lichtmesser oder—Feier«. Imbolg, als Fest dieses Lichts, ist natürlich zugleich auch das Fest der leuchtenden Mondin, die ja die Aspekte der Jungfrau, der reifen Frau und der Vettel besitzt; das Fest der Birgid (Bird, Briganten), der strahlenden dreifachen Göttin, die auch für die

Fruchtbarkeit zuständig ist. (Man hat die — christliche — Heilige, Birgid, auch als »Maria der Gälen« bezeichnet, und sie soll von einem Zauberer großgezogen worden sein, wusste Nahrung zu vermehren und konnte unter anderem ihr Badewasser in Bier verwandeln!) Deshalb wird die Lichtbraut auch mit zahllosen Kerzen und flackernden Lichtern begrüßt. Es ist auch die Zeit, da Thor den Eisriesen erschlägt und das Licht seinen endgültigen Sieg (für diesen Jahreszyklus) davonträgt. In altrömischer Zeit pflegten nun die Priester des Pan, die Luperci, nackt bis auf einen Lendenschurz aus Ziegenleder, durch die Gassen zu laufen und mit ihren Ziegenlederriemen jeden zu schlagen, der ihnen begegnete — vor allem verheiratete Frauen, die dadurch Fruchtbarkeit erlangen sollten. Es war eine Zeit der Reinigung (noch heute als Überrest im »Frühjahrsputz« zu erkennen!).

Der Coven feiert die Göttin mit viel Licht und begeht den Sieg über die Finsternis. Die Reinigung steht im Vordergrund des Geschehens, ebenso die Freude über das bald aufblühende Leben.

Verwendete Ritual— und Meditationssymbole: Kerzen; Lichterkrone; die Lichtbraut; Stille; Schnee; Einsamkeit; Sterne; Wacholder.

Frühjahrstagundnachtgleiche (21. März)

Die »Frühlingsäquinox«, wie dieses Fest auch genannt wird, ist der Zeitpunkt der Geburt der Welt durch die Göttin und fällt zeitlich meist in die Nähe des christlichen Ostern (ein Fest, das ursprünglich der germanischen Göttin Ostara — möglicherweise eine Ableitung der babylonischen Ishrar oder Astarte, oder auch der ägyptischen Aset, die erst durch die Griechen zu »Isis« gemacht wurde — geweiht war und daher seinen Namen bezieht). Jetzt wird der Sonnengott nach seinem Tode wiedergeboren, und die Natur atmet mit neuem, blühenden Leben. Es ist die Phase der beginnenden Fruchtbarkeit, die im Hexenkult ihren Höhepunkt schließlich zu Walpurgis oder Beltane findet. Ein Symbol dafür ist auch das Feuerrad, das nach der Tradition der Gardnerians bei dieser Feier auf den Altar gehört und das sicherlich viel älter ist als die vergleichsweise späten Ergänzungen der Tradition durch Gardner selbst. Auch das Osterei ist vorchristlichen Ursprungs. Es ist das Weltenei, das um diese Zeit von der Göttin gelegt und durch die Hitze des Sonnengottes ausgebrütet wird und aufplatzt — wie die Blüten im Frühling! Ursprünglich handelte es sich dabei, auch in der druidischen Tradition, um Schlangeneier, die erst später durch Hühnereier ersetzt und zu Ehren des Sonnengotts rot gefärbt wurden.

Der Coven begeht dieses Fest wie die Geburt der ganzen Schöpfung und wählt unter seinen jüngeren Mitgliedern die Frühlingskönigin aus, die nach dem Ritual reich mit Blumen beladen nachhause zurückkehrt.

Verwendete Ritual— und Meditationssymbole: Eier; die ersten Blumen; Osterfeuer, Hase; die ersten zirpenden Vögel; Birke.

Walpurgis (keltisch: Beltane, auch Bealtaine) (l.Mai)

Walpurgis galt bereits in den frühen Zeiten christlicher Hexenverfolgung als »schlimmes Datum« — kein Wunder, denn es ist das Fest des Fleisches! Das keltische »Beltane« bedeutet eigentlich »Bel—« oder, noch älter, »Baals—Feuer« (»Baal« hat die Bedeutung »Herr«). Die Bel—Feuer wurden auf Hügelspitzen entzündet, um die Rückkehr der Fruchtbarkeit und des Lebens zu feiern. Nun findet die orgiastische Vermählung von Gott und Göttin statt, im jauchzenden Tanz der Lebensfreude und der schieren Sinnlichkeit. Der gehörnte Gott Pan gibt hier mit seiner rasenden Lebensgier den Ton an in seinen vielen Gestalten, wozu auch Dionysos und Bacchus gehören. Der Sprung über das Feuer diente dem Liebeszauber: auf diese Weise wurden Liebespartner angezogen. Im keltisch— gälischen Raum fand nun der Viehtrieb auf die Sommerweiden statt, und in Britannien endete die Schonzeit für den Hasen, der als Montier der Fruchtbarkeit galt. Vor allem aber stand die ungehemmte, entfesselte Sexualität im Vordergrund der Feierlichkeiten.

Der Coven feiert Walpurgis in klassischer Hexenmanier, wobei je nach Temperament und Neigung der Mitglieder auch die fleischliche Ausschweifung ihren Platz hat, wie wir sie von den bekannten Blocksberg Szenen kennen. Die Hexen springen über das Walpurgisfeuer, das Fruchtbarkeit und materiellen Reichtum verheißt.

Verwendete Ritual— und Meditationssymbole: Sexualität; Orgien; das Fest des Gehörnten Gotts; Phallus; Eiche; als Maibaum: Birke, Fichte.

Mittsommer (21. Juni)

Ganz eindeutig ein Fest des Sonnengottes, der nun seinen Zenit erreicht: heute, zum
Sommersolstitium, ist sein längster Tag. Er wird angerufen, um die letzten Reste der Dunkelheit noch einmal zu verjagen und die Fruchtbarkeit des Landes zu gewähren. Der alte Eichenkönig wurde früher zu diesem Zeitpunkt geopfert, und der neue, virilere Ilex König (englisch: »Holly King«) nahm seinen Platz ein. Pan spielt verträumt auf hitzeflimmernder Lichtung auf seiner Flöte, es ist die Zeit des Höhepunkts, aber auch des nahenden Abschieds vom Licht. Die Göttin zeigt nun ihren Aspekt vom »Tod im Leben«. Zwar pulsiert und sprießt die Erde aus vollen

Kräften —doch bald wird der Zenit überschritten sein und das Reich der Dunkelheit fordert wieder sein Recht: Alles fließt, das Leben ist ein beständiges Auf und Ab, alles ist gut — das Licht ebenso wie die Finsternis.

Der Coven begeht dies Fest zugleich jauchzend und mit einer gewissen Wehmut, wie es der Jahreszeit entspricht. Aus einer Vermischung der keltischen und der anderen europäischen Traditionen heraus wurde Mittsommer zu einer Feier des Feuers und des Wassers. Jetzt wird viel getanzt.

Verwendete Ritual— und Meditationssymbole: Feuer, Elfentanz; Kiefer, der mit Wasser gefüllte Hexenkessel der Wiedergeburt.

Lamas (keltisch: Lughnasadh) (1.August)

Das keltische »Lughnasadh bedeutet »Lughs Gedenken«. Lugh ist der Sohn, Enkel oder Nachfolger des Licht— und Feuergottes Bel (siehe Beltane bzw. Walpurgis). Dabei handelt es sich um eine dem Luzifer (= »Lichtbringer«) auch etymologisch verwandte Gestalt. Die Tage werden schon kürzer, aber die Sommerhitze erlebt ihren Höhepunkt. Das erste Korn ist geerntet, die Früchte werden reif. Das Wort »Lamas« wird gern aufgrund seines Erntebezugs vom englischen »loaf—mass« (= »Laibmeß«) abgeleitet, doch handelt es sich dabei wahrscheinlicher um eine Kurzform von Lughnasadh (das ungefähr »Lu—na—sah« ausgesprochen wird). Es ist ein sehr diesseitiges Fest, die Freude am Licht ist noch ungebrochen, ebenso die an der Wärme und am Blühen der Erde. Die schon zu Mittsommer verspürte Wehmut verstärkt sich jedoch nun zusehends. Wir haben hier das herbstliche Gegenstück zum Fest Walpurgis, einschließlich der Hochzeit der Götter, nur dass diese nun schon eher einer reifen »Spätere« gleicht als dem übermütigen, frühlinghaften Uber—die—Stränge—schlagen. Eine Erntefeier, ohne schon Erntedankfest zu sein.

Der Coven begeht das Fest als Feier der fruchtbaren Erde und Materie, der fruchtgebenden Göttin. Immerhin wird nun auch der Lichtgott geopfert, Bilder werden ermordet.

Verwendete Ritual— und Meditationssymbole: Erde; Kornähren; Blut; Lehm; die fruchtspendende Göttin.

Erntedank (Herbsttagundnachtgleiche) (21.September)

Jetzt sind Tag und Nacht wieder gleich lang — und die Finsternis bricht bald ein und fordert ihren Anteil am Jahreszyklus. Es ist das Fest der Kornmutter, der »Roggenmuhme«, die uns aus der Antike auch unter ihren Namen Demeter, Kybele u.a. bekannt ist. Nun hat die Ernte ihre Vollendung gefunden, und die letzte Ähre wird stehengelassen, oft auch in Menschenform zusammengebunden als symbolisches Menschenopfer an

die Kräfte der Erde, die uns alle ernährt. Es ist auch die Zeit des Ausgleichs, des Gleichgewichts, das nun nicht mehr lange vorhalten wird. Die nächste Station im Jahreszeitenzyklus ist Allerheiligen, das Fest der Toten, und es wirft schon seinen ersten Schatten voraus. Doch gilt es jetzt zunächst einmal, Dank zu sagen für das Erhaltene, ja für den Erhalt des Lebens überhaupt, und Abschied zu nehmen von der Sonne, die nun auf lange Zeit den — notwendigen — Kräften der Finsternis unterliegen wird, damit sich die Natur von ihrem jährlich neuen Kraftakt des Lebens erholen kann. Im
Herbst erlahmen die Kräfte des Fleisches und weichen denen des Geistes und der
Intuition.

Der Coven ist in freudiger, aber nicht überschwänglicher Stimmung. Er betrachtet meditativ noch einmal die Gabe nun Garben der Natur, voller Dankbarkeit für das Leben, und rüstet sich auf die kommende Zeit der Dunkelheit, die der Besinnung und Einkehr dient.

Verwendete Ritual— und Meditationssymbole: Korn; Brot; Früchte; buntes Laub; Weinstock; Pappel; Trauerweide.

Als Große Sabbate bezeichnet man die vier keltischen Feste Samhain, Imbolg, Beltane und Lughnasadh. Die Kleinen Sabbate sind die vier Sonnenfeste, also die Sonnenwenden (Solstitien) im Winter und Sommer, sowie die

Tagundnachtgleichen (Äquinoktien) im Frühjahr und Herbst.

Die obigen Datumsangaben sind Durchschnittswerte und können je nach astronomischen Gegebenheiten um ein bis zwei Tage schwanken. Auch sonst hielten es die alten Heiden mit diesen Daten nicht so genau, wie wir es uns im Zeitalter der Atomuhren vielleicht vorstellen mögen.

Damit ist das Jahr, wie es ja auch dem natürlichen Kreislauf entspricht, in acht Stationen eingeteilt. Indem die Hexe diesen Kreislauf beachtet, gelangt sie in Einklang mit dem Rhythmus der Natur, wie es unsere Vorfahren auch waren.

DER GROSSE RITUS

Der Große Ritus ist die rituelle Vereinigung von Gott und Göttin, von Sonne und Mond, von Himmel und Erde, er ist die Verschmelzung der Polaritäten, bei der sich der Große Gott und die Großen Göttin ekstatisch miteinander vereinen, und er wird von Priestern und Priesterinnen vollzogen, die mit den Gottheiten eins geworden sind.
Wir erwähnten bereits, dass der Hexenkult keine Körperfeindlichkeit kennt. Dies war nicht zuletzt auch einer der Gründe, weshalb die christlichen Kirchen ihn so erbittert verfolgten. Und die Skandalpresse von heute

versucht immer wieder, »nackte Hexen beim Satanstanz« auf ihre Titelseiten zu befördern, um mit der Sensationsgier des unkundigen Publikums höhere Auflagenzahlen und Gewinne zu erzielen. Nicht zuletzt deshalb sind die meisten Hexen recht zurückhaltend, wenn es um die Schilderung des Großen Ritus geht, und authentische Fotos dieser Zeremonie sind unseres Wissens noch nie veröffentlicht worden. (Wohl aber zahlreiche gefälschte!) Wer lässt schon gerne seine intimsten Erlebnisse öffentlich in den Schmutz ziehen? Da für uns Hexen alles Leben ein Ausdruck der Gottheiten ist, schließt dies selbstverständlich auch die Sexualität mit ein. Wir sagen dies ohne jede Beschönigung: Sexualität und Erotik spielen im Hexenkult für viele seiner Mitglieder eine große Rolle, und die Riten wirken oft gerade durch ihre unterschwellige erotische Spannung. Der Große Ritus ist ein sexuelles Ritual, bei dem auf der Ebene der Fleischlichkeit die Transzendenz erfahren wird.

Dennoch muss dies nicht bedeuten, dass er ausschließlich körperlich vollzogen werden muss, sehr häufig findet er auch in rein symbolischer Form statt. Auch handelt es sich dabei um ein Ritual, das sowohl im Rahmen des gesamten Covens durchgeführt werden kann, was jedoch die Ausnahme darstellt, oder durch das beteiligte Paar allein.

Das Ritual

Auch der Große Ritus wird in das schon bekannte Grundritual eingebunden, das bis zur Invokation der Götter verläuft wie gewohnt.

Der körperliche Ritus bedarf keiner ausführlichen wörtlichen Beschreibung: Gott und Göttin vereinen sich körperlich miteinander, wie es ihrem Willen und ihrer Lust entspricht. Wichtig ist dabei, dass die Gottheiten in Priester und Priestern präsent bleiben, diese also nicht plötzlich in ihr Alltagsbewußtsein abgleiten. In dieser Hinsicht gleicht der Große Ritus dem indischen Tantra, bei dem sich ja ebenfalls Gottheiten miteinander vereinen. Anders als im Tantra gibt es beim Großen Ritus des Hexenkults jedoch keine vorher festgelegten Gesten, Formeln oder gar Forderungen wie das Verbot der männlichen Ejakulation. Denn wir Hexen stehen auf dem Standpunkt, dass es dem Willen der Götter obliegt, spontan über derlei Dinge zu entscheiden—und wenn die Energien richtig fließen, stellen sich derlei Fragen ohnehin nicht. Dann aber handelt es sich auch um eine Erfahrung, die sich der sprachlichen Beschreibung versagt, weshalb diese Ausführungen auch genügen müssen.

Der symbolische Ritus geschieht durch die Vereinigung von Ataman (oder Stab) und Kelch. Die Priestern trägt von Westen kommend dem ihr aus Osten nahenden Priester den gefüllten Kelch entgegen, der Priester hält Ataman oder Stab. In der Mitte des Kreises vereinen sich die beiden schweigend, indem der Priester Ataman oder Stab sanft in den Kelch stößt. Geschieht dies in hinreichend intensiver Trance, so steht diese Erfahrung der Körperlichen in nichts nach. Dennoch stellt jede Hexe, die mit beiden Formen des Großen Ritus gearbeitet hat, fest, dass die Energien sich jeweils anders »anfühlen«.

Vielleicht waren es die gewaltige Intensität des Großen Ritus und die Ekstase, die damit einhergeht, die dazu führten, dass man in ihm fälschlich den »dritten Grad« des Hexenkults erblickt hat. Sicherlich stellt er einen Höhepunkt menschlicher, ritueller und magischer Erfahrung dar, und nicht alle Hexen fühlen sich dem gewachsen. Aus diesem Grunde gibt es auch keine Vorschriften, die den Ritus begrenzen würden. Weder muss eine Hohepriesterin ihn vollziehen, noch ist der Hohepriester dazu verpflichtet, ihn durchzuführen; kein Mitglied des Hexenkults wird dazu gezwungen, diese Erfahrung zu machen, und es ist auch nicht festgelegt, wann er durchzuführen ist. Mit Vorliebe wird er zwar zu Walpurgis vollzogen, doch obliegt die Entscheidung darüber dem beteiligten Paar allein.

DAS BUCH DER SCHATTEN

Das schon häufiger erwähnte Buch der Schatten ist schon oft Gegenstand mancher
Spekulation gewesen. Die meisten davon gehen allerdings völlig am Kern der Sache vorbei.

Genau genommen handelt es sich beim Buch der Schatten um das »Zauberbuch« einer jeden Hexe, in dem Rituale, wichtige Formeln, Anrufungstexte usw. festgehalten werden. Auch einzelne Coven können ihr eigenes, gemeinschaftliches Buch der Schatten haben. Dieses wird dann dem Einzuweihenden zum Abschreiben überreicht. (Manche Hexenkulttraditionen sagen, dass sie im Besitz eines »uralten, seit Jahrhunderten überlieferten« Buchs der Schatten seien, die meisten dieser Bücher werden streng geheim gehalten.) Die Bezeichnung Buch der Schatten leitet sich von der Auffassung ab, dass die darin enthaltenen Aufzeichnungen nur ein profanes Schattenabbild der Realität der Anderswelt sein können. Nach dem Tod der Hexe soll ihr persönliches Buch der Schatten von ihrem Coven verbrannt werden.

Das Buch der Schatten ist also kein festgelegtes Lehrbuch und schon gar kein allgemeingültiges Nachschlagewerk, aus dem sich im Heimstudium durch »Trockenübungen« die Hexenkunst erlernen ließe! Es ist vielmehr ein

Dokument magischen Tuns, das im Laufe eines Hexenlebens immer weiter wächst und größer wird.

5. Kapitel DER COVEN

Coven: ein aus dem Englischen stammendes Wort, das gelegentlich auch, etwas irreführend, mit »Konvent« übersetzt wird; in der Tat leitet es sich zwar vom lateinischen Konventes, »Versammlung«, ab, doch ziehen wir es vor, hier bei der gängigeren englischen Bezeichnung zu bleiben. Der Coven ist ein Kreis gleichgesinnter Hexen, die sich zur regelmäßigen gemeinsamen Arbeit entschieden haben. Man könnte ihn als eine Art »magischen Orden im klemmen« bezeichnen. Jeder Coven ist völlig autonom und stellt seine eigenen Regeln und Gesetze auf. Es gibt, wie bereits erwähnt wurde, im Hexenkult keine zentrale Autorität, welche den einzelnen Zellen vorschreiben könnte, was sie zu tun oder zu lassen haben. Nicht einmal die Namen der Götter sind festgelegt und tatsächlich kennt fast jeder Coven seine eigenen geheimen, offenbarten Götternamen.

Traditionellerweise besteht ein Coven aus maximal 13 Mitgliedern, wie denn die 13 überhaupt die »Zahl der Hexen« ist. (Übrigens einer der Gründe, so besagen es unsere Überlieferungen, weshalb die 13 vom Christentum zur »Unglückszahl« gemacht wurde!) Das Zitat aus

Lelands Aradia im 1. Kapitel zählt insgesamt 13 magische Fähigkeiten auf, die der Hexe durch die Göttin beziehungsweise durch ihre Tochter übertragen werden, das Mondjahr hat 13 Monate und so weiter. Diese vergleichsweise kleine Zahl macht die Arbeit äußerst überschaubar, was für die Praxis von größter Bedeutung ist, lassen sich auf diese Weise doch manche unnötigen Spannungen vermeiden oder leichter glätten. Tatsächlich gibt es nur wenige Covens, die mehr Mitglieder haben, aber sehr viele, die weniger zählen. Es ist eben nicht so leicht, Gleichgesinnte zu finden, denen man einerseits vertrauen und mit denen man andererseits konstruktiv zusammenarbeiten kann.

Geleitet wird der Coven meistens von der Hohepriesterin und dem Hohepriester. Oft steht auch nur die Hohepriesterin an seiner Spitze. Die Wahl der Leitung geschieht nicht unbedingt demokratisch: Jeder, der über die entsprechenden Qualifikationen verfügt (sei es durch formelle Einweihung, durch angeborene oder angeeignete Fähigkeiten— im Ideal all durch beides—), kann einen eigenen Coven aufmachen, sofern sich entsprechende Mitglieder finden. Zahlreiche Covens haben strenge eigene Regeln, was ihre Mitgliedschaft betrifft. Beispielsweise fordern einige von ihnen, dass ihre Mitglieder nicht weiter als drei, sechs oder neun Meilen voneinander entfernt wohnen dürfen, um einen sofortigen Kontakt zu gewährleisten. Auch soll ein Coven mindestens drei Meilen vom nächsten entfernt sein, damit es nicht zu Revierstreitigkeiten kommt. Die meisten Covens sind jedoch nicht ganz so kompromisslos, andererseits muss man wissen, dass in früheren Zeiten die Covens auch nur aus Mitgliedern bestanden, die in ein und demselben Dorf oder bestenfalls in Nachbardörfern lebten, da die Reisewege damals weitaus mehr Zeit beanspruchten als heute

Die Mehrzahl der Hexen geht jedoch mit der Zeit und berücksichtigt die städtische Zersiedelung unserer Epoche. So kann es vorkommen, dass die Mitglieder eines Covens über das ganze Land verstreut sind und sich nur wenige Male im Jahr vollzählig treffen. Dies ist freilich ein Extrem, das nicht sehr sinnvoll erscheint, da die regelmäßige Arbeit (meist wöchentlich oder vierzehntägig, mindestens aber zu Vollmond, also einmal im Monat) sowohl individuell als auch in der Gruppe von großer Wichtigkeit ist. Nur unter sehr fortgeschrittenen Hexen kann der Sabbat oder der Esbats, wie wir unsere Zusammenkünfte bekanntlich nennen, rein astral, also auf der feinstofflichen Ebene allein stattfinden.

Die Beschränkung auf 13 Mitglieder hat ihre Vor— und Nachteile, auf die wir hier nicht im Einzelnen eingehen wollen und können. Immerhin wird dadurch gewährleistet, dass jeder den anderen sehr gut kennt, und auch Hohepriesterin oder Hohepriester können sich ein besseres Bild von den Hexen machen, die sich ihrer Leitung anvertrauen.

Wundern Sie sich nicht, wenn Sie Schwierigkeiten haben sollten, einen echten, praktizierenden Hexencovens ausfindig zu machen — die meisten dieser Gruppen arbeiten nämlich im Geheimen und wünschen keine Störung durch Außenseiter. Der Hexenkult ist auch harte Arbeit am Selbst, und die Rituale und Zauber verlangen volle Konzentration, so dass Zuschauer nur Ablenkung bedeuten würden. Oft kommen Journalisten zu uns und wollen gerne einmal »bei einem Ritual mitmachen«. Wir, die Autorinnen und Autoren dieses Buchs, lehnen solche Gesuche grundsätzlich ab, und zwar aus mehreren Gründen. Zum einen wegen der schon erwähnten Störung. Das Leben ist zu kurz, um ein Ritual darauf zu »vergeuden«, einem Außenstehenden erst alles minuziös erklären zu müssen. Zweitens haben einige von uns schon sehr schlechte Erfahrungen mit der Presse gemacht: Sah am Anfang alles nach Wohlwollen und Objektivität aus, so staunte man oft darüber, wie verzerrt und feindselig die tatsächlich abgedruckten Berichte hinterher ausfielen. Und drittens gilt das Gebot der Geheimhaltung für die allermeisten seriösen Hexen.

Diese Geheimhaltung darf nicht mit Geheimniskrämerei verwechselt werden. Zudem bezieht sie sich auch nicht auf angewandte Techniken und Rituale (sonst wäre dieses Buch nie geschrieben worden!), sondern vielmehr auf die Namen von Kultmitgliedern, auf offenbarte Namen der Gottheiten und auf offenbarte Zauber, die durch Preisgabe an Dritte einen Teil ihrer Mächtigkeit einbüßen wurden.

Man darf dabei auch nicht vergessen, dass der Coven für seine Mitglieder auch einen Hort des Schutzes, der Verschwiegenheit und des Vertrauens in einer Welt darstellt, die dem

Hexentum fast ausnahmslos feindselig gegenübersteht. Schon aus diesem Grund werden die Aufnahmekandidaten sehr sorgfältig geprüft, damit ein Höchstmaß an Hanno nie gewährleistet ist.

Nicht zuletzt dem Schutz der Hexe dient auch die Annahme des Hexennamens (auch:

Codename). Auf diese Weise kann man, zumal bei Zusammenkünften mit anderen Gruppen, auf Wunsch anonym bleiben. Doch ist dies nicht der Hauptgrund für diese Praktik. Der Name ist auch das Motto der Hexe, oft eine historische oder mythische Person (Merlin, Viviane, Sein, Aradia usw.), also ein Vorbild, dem sie als Hexe nacheifern will. Zusätzlich gibt es noch den geheimen Namen, der niemandem (oder nur sehr wenigen, ausgesuchten Menschen) offenbart wird und den die Hexe nur bei der unmittelbaren Zwiesprache mit den Göttern führt, entweder wenn sie allein arbeitet oder bei der stummen Meditation. Solche Namen (es können auch mehrere für ein und dieselbe Person sein) werden in der Trance offenbart, und eine gute Hexe wird sie mit ins Grab nehmen, ohne sie preiszugeben.

Der Coven stellt auch den »gesellschaftlichen Mittelpunkt« jener Hexen dar, die es nicht vorziehen, allein zu arbeiten. Im Coven findet der Austausch zwischen Gleichgesinnten statt, man findet Rat und Leitung, man feiert und freut sich des Lebens. Viele Zauber erfordern die Gruppenarbeit, weil die Energie der Gruppe in der Regel stärker und vielseitiger ist als die des einzelnen, und dafür bildet der Coven die Plattform.

Gewiss kommt es selbst im harmonischsten Coven gelegentlich zu Spannungen und Streitigkeiten, wie in jeder anderen Gruppe auch; Aufgabe der Covenleiter ist es dann, diese auf möglichst konstruktive Weise zu schlichten. Wer Inhaber des 2. Grads ist, hat aber auch die Möglichkeit, sich von seinem Coven zu lösen und einen eigenen »Tochtercoven« aufzumachen.

Die Neugründung geschieht jedoch in der Regel nicht aufgrund von Streitereien, sondern immer dann, wenn ein Coven aufgrund des regen Zuspruchs die festgelegte Mitgliederhöchstzahl zu überschreiten droht. Dann bleibt der Tochtercoven dem Muttercoven freundschaftlich verbunden (man feiert gelegentlich auch gemeinsam Sabbate), ist aber völlig autonom und entwickelt mit der Zeit seine eigenen Traditionen.

Abgesehen von Einweihungen, von Übungsarbeiten, die der Schulung und der Erweiterung des Erfahrungshorizonts dienen, den monatlichen Esbats und den gemeinsam begangenen Jahresfesten oder Sabbaten, obliegt es dem Coven auch, Gemeinschaftsrituale bei Hochzeit, Geburt und Tod durchzuführen. Drei Beispiele dafür wollen wir nun schildern.

HEXENHOCHZEIT

Die Zeremonie der Hexenhochzeit wird im englischen und deutschen Wicca—Kult auch als handfasting bezeichnet, was so viel bedeutet wie »das Zusammenschließen der Hände«. Es handelt sich dabei um ein rituelles Miteinanderverbinden zweier Hexen, die zusammen den Ehebund eingehen wollen. Manche Hexenehenwerdenprobeweise auf Zeit(1 Jahr und 1 Tag) eingegangen, auf jeden Fall handelt es sich nicht um eine Bindung, die notgedrungen bis zum physischen Tod der Beteiligten andauern muss.

Die Hexen ehe kann folglich auch im gegenseitigen Einvernehmen wieder aufgelöst werden. Dies geschieht durch die Zeremonie des handparting (das »Lösen der Hände«) und wird von denselben Hohepriesterinnen und Hohepriestern durchgeführt wie die ursprüngliche Verbindung.

Das Ritual

Vorbereitung

Durchgeführt wird das Grundritual bis zum Hauptteil, wobei das Ritual nach Westen (Element Wasser = Liebe) ausgerichtet ist, wo also der mit Blumen gefüllte Kessel steht. Neben dem Altar steht der Hexenbesen. Im Nordosten bleibt der mit Blumen ausgelegte Kreis noch offen, draußen warten Braut und Bräutigam.

Hauptteil

Die Hohepriesterin führt den Bräutigam, der Hohepriester die Braut mit einem Kuss in den Kreis. Dann schließt der Hohepriester den Kreis mit Blumen und die Hohepriesterin beendet die Schließung mit Ataman oder Schwert.

Hohepriesterin und Hohepriester steht mit dem Rücken zum Altar, vor der Hohepriesterin der Bräutigam, vor dem Hohepriester die Braut, beide in der Mitte des Kreises.

Nun fragt die Hohepriesterin den Bräutigam: »Wer bist du, Mann, der du gekommen bist, um in Gegenwart der Großen Göttin [oder coveninterner Name der weiblichen Gottheit] mit deiner Gemahlin verbunden zu werden? «

Der Bräutigam antwortet: »Mein Name ist [Covenname]. «

Der Hohepriester fragt die Braut: »Wer bist du, Frau die du gekommen bist, um in Gegenwart des Großen Gotts [oder coveninterner Name der männlichen Gottheit] mit deinem Gemahl verbunden zu werden? «

Die Braut antwortet: »Mein Name ist [Covenname]. «

Hohepriesterin und Hohepriester sagen gemeinsam: »und, wir heißen euch in unserem Kreis willkommen. «

Die Mitglieder des Coven vollführen einen Kreistanz um das Brautpaar und nehmen danach wieder Platz.

Der Hohepriester spricht den »Ruf der Großen Mutter« aus dem Grundritual.

Die Hohepriesterin legt zunächst dem Bräutigam, danach der Braut die Hand auf und spricht danach: »Im Namen der Großen Göttin [oder s.o.], ich binde euch aneinander, auf dass ihr eins werdet in eurer Liebe, auf dass ihr die Worte der Göttin vernehmt in euren Herzen. Denn ich bin die Mondin, die aufgeht und leuchtet und stirbt, der Wandel der

Zeiten, die Flut und die Ebbe, das Glück und die Pein. Göttin bin ich der Sanftmut und Liebe, ich umfasse euch in Schmerz und in Freud. Seid eins miteinander, seid eins in meinem Namen. «

Die Hohepriesterin nimmt den Kelch mit dem geweihten Wein vom Altar, kostet davon und reicht ihn dem Bräutigam mit den Worten: »Mögest du in jeder Frau das Antlitz der Großen Göttin erkennen. Mögest du sie ehren, die dich gebar und dir das Leben schenkte, die dir Mutter ist und Geliebte und Gemahlin. «

Der Bräutigam trinkt von dem Wein und spricht: »So soll es sein. «

Die Hohepriesterin wendet sich an die Braut und spricht: »Tochter der Großen Göttin, mögest du ihr Ehre machen und das Gefäß sein, aus dem sie ihre Kraft verströmt. Sei diesem Manne Mutter, Geliebte und Gemahlin. «

Die Braut trinkt von dem Wein und spricht: »So soll es sein. «

Die Hohepriesterin stellt den Wein auf dem Altar ab.

Der Hohepriester legt zunächst der Braut, danach dem Bräutigam die Hand auf und spricht danach: »Im Namen des Großen Gottes [oder coveninterner Name der männlichen Gottheit], ich binde euch aneinander, auf dass ihr eins werdet in eurer Kraft, auf dass ihr die Worte des Gottes vernehmt in euren Herzen. Denn ich bin die Sonne, die aufgeht und leuchtet und stirbt, der Wandel der Zeiten, der Frühling, der Sommer, der Herbst und der Winter, die Ernte und Dürre. Gott bin ich der Stärke und Macht, ich umfasse euch in Schmerz und in Freud. Seid eins miteinander, seid eins in meinem Namen. «

Der Hohepriester nimmt den Kelch mit dem geweihten Wein vom Altar, kostet davon und reicht ihn der Braut mit den Worten: »Mögest du in jedem Manne das Antlitz des Großen Gottes erkennen. Mögest du ihn ehren, der dich zeugte und dir das Leben schenkte, der dir Vater ist und Geliebter und Gemahl. «

Die Braut trinkt von dem Wein und spricht: »So soll es sein. «

Der Hohepriester wendet sich an den Bräutigam und spricht: »Sohn des Großen Gottes, mögest du ihm Ehre machen und das Gefäß sein, aus dem er seine Kraft verströmt. Sei dieser Frau Vater, Geliebter und Gemahl. «

Der Bräutigam trinkt von dem Wein und spricht: »So soll es sein. «

Der Hohepriester stellt den Wein auf dem Altar ab.

Nun nimmt die Hohepriesterin den Bräutigam an der Hand, der Hohepriester dagegen die Braut. Die Hände der beiden werden vereint. Die Hohepriesterin spricht, und der Bräutigam spricht ihr nach: »Im Namen der Großen Göttin: Ich   [Covenname des Bräutigams] nehme dich [Covenname der Braut] mit Herz und Hand an mich, sei du meine Mondin, die mir den Weg leuchtet in der Nacht. Ich will dein Freund sein und dein Beschützer, dein Sohn und dein Vater, vor allem aber dein Gemahl und Gefährte in Zeiten des Glücks und des Unglücks. Meine Kraft sei die deine, dein Streben sei das meine. «

Der Hohepriester spricht, und die Braut spricht ihm nach: »Im Namen des Großen Gottes: Ich[Covenname der Braut] nehme dich [Covenname des Bräutigams] mit Herz und Hand an mich, sei du meine Sonne, die mir den Weg leuchtet bei Tag. Ich will deiner Freundin sein und deine Beschützerin, deine Tochter und deine Mutter, vor allem aber deine Gemahlin und Gefährtin in Zeiten des Glücks und des Unglücks. Meine Kraft sei die deine, dein Streben sei das meine. «

Die Hohepriesterin spricht: »Einheit ist Ausgleich, Ausgleich ist Einheit. «
Der Hohepriester spricht: »Sonne und Mond seien unsere Zeugen, ebenso unsere Brüder und Schwestern im Kreise:

[Covenname des Bräutigams] und [Covenname der Braut] sind nunmehr im Angesicht des Großen Gottes und der Großen Göttin vereint. Mögen die Götter sie segnen, wie wir es tun. «

Alle Anwesenden sprechen im Chor: »So soll es sein! «

Das Brautpaar wird von allen umarmt. Danach nimmt die Hohepriesterin den Hexenbesen und legt ihn vor dem Paar auf den Boden. Hand in Hand springen die Brautleute über den Besen. Nun vollführt das Brautpaar den Großen Ritus. Dies kann in symbolischer oder tatsächlicher Form geschehen, das wird dem Paar selbst überlassen. Will das Paar den Großen Ritus körperlich ausführen, kann es dies in Anwesenheit des Covens tun oder in einem vorher dafür vorbereiteten. abseits gelegenem Zimmer. In letzterem Fall wird es von Hohepriester und Hohepriesterin zum Brautbett geführt, der restliche Coven begleitet die Brautleute bis an die Tür des Brautgemachs und zieht sich danach zusammen mit Hohepriester und Hohepriesterin wieder zurück.

Nach Vollzug des Großen Ritus verteilt das Brautpaar kleine Geschenke an die Anwesenden, und der formlose Teil der Feier beginnt.

Wahlweise können die Brautleute während der Zeremonie Ringe oder sonstige symbolische Gegenstände austauschen, die ihre Verbundenheit dokumentieren.

Sollte das Paar sich aus irgendeinem Grunde dazu entschließen, die Hexen Ehe zu beenden, so wird erneut der Coven zusammengerufen. Das dabei durchgeführte Ritual ist sinngemäß das gleiche wie das oben angeführte, nur dass dabei natürlich die Bindung feierlich wieder aufgehoben wird. Es ist wichtig, dass dies ohne Gefühle des Hasses und der Wut, des Beleidigt seins oder der Verletztet geschieht. Denn magische Bindungen sind außerordentlich stark und nachhaltig, und man sollte damit nicht leichtfertig umgehen. Deshalb sollten beide Partner in Frieden, in gegenseitigem Respekt und in Liebe auseinandergehen anstatt in Zank und Trauer. Es gibt eben eine Zeit zu Leben und eine Zeit zu sterben, eine Zeit der Trauer und eine Zeit der Freude, eine Zeit der Bindung und eine Zeit der Lösung

GEBURT: DIE HEXENTAUFE

Anders als die christliche Taufe dient das Hexenritual nach der Geburt eines Kindes (im Wicca—Kult wird dies als Wiccian bezeichnet) nicht dazu, dieses auf alle Zeit dem Hexenkult zu verschreiben! Vielmehr sollen die Götter auf diese Weise darum gebeten werden, über das Kind zu wachen, und es soll ihm in ritueller Form die Liebe seiner

Eltern und der anderen Covenmitglieder vermittelt werden. Selbstverständlich wird das Kind von seinen Eltern später nicht vom Hexenkult ferngehalten, doch weiß jede wahre Hexe, dass Religion nicht aufgezwungen werden darf (das hat uns unsere eigene Geschichte immer wieder vor Augen geführt!), und so muss das Kind eines Tages selbst entscheiden, ob es den Weg des Hexenkults weitergehen will oder nicht. Das folgende Ritual wurde in seinen Grundzügen von den englischen Wiccas Janet und Stewart Farrar entwickelt.

Das Ritual

Vorbereitung

Die Hohepriesterin trägt Mondsymbole, der Hohepriester Sonnensymbole. Der Kreis wird mit Blumen ausgelegt, der Kessel kommt, ebenfalls mit Blumen gefüllt, in die Mitte. Auch Ährengarben und Obst können als Schmuck verwendet werden. Auf dem Altar befindet sich Öl zur Salbung, daneben Geschenke für das Kind sowie Speisen und Getränke für die anschließende Feier. Die Eltern können für das Kind einen geheimen Hexennamen auswählen, den dieses später verwenden kann.

Hauptteil

Durchgeführt wird das Grundritual bis zum Hauptteil, wobei bis auf Hohepriesterin und Hohepriester alle am Boden sitzen. Nun wird der Wein geweiht. Handelt es sich bei dem Kind um einen Jungen, so wird dieser von der Hohepriesterin geweiht, bei einem Mädchen tauschen Hohepriester und Hohepriesterin die Rollen. Die Hohepriesterin (wir gehen im Beispiel von der Weihe eines männlichen Kinds aus) stellt sich mit dem Gesicht zum Kessel vor dem Altar auf und spricht: »Wir bitten die Göttin und den Gott, dieses Kind [Name des Kinds], den Sohn von   und   [Name der Eltern] zu segnen. Mögen ihm Kraft und Schönheit, Freude und Weisheit beschieden sein. Viele Wege führen ans Ziel. Mögen die Götter, denen kein Weg verborgen bleibt und zu denen alle Wege führen, dieses Kind beschützen und es darauf vorbereiten, seinen eigenen Weg zu finden und diesem einst furchtlos zu folgen. Mutter des? bringe dein Kind herbei, auf dass es gesegnet werde.« Die Mutter folgt der Aufforderung.

Die Hohepriesterin nimmt das Kind fest und beruhigend in die Arme. Sie fragt:» Mutter des??? , hat dein Kind auch einen geheimen Namen? «

Die Mutter antwortet gegeben falls: »Ja. « [Der Name wird nicht offenbart. Stattdessen wird jedoch der Name ausgesprochen, unter dem das Kind dem Coven bekannt sein soll.]

Die Hohepriesterin salbt die Stirn des Kinds mit dem Öl, das ihr der Hohepriester reicht, indem sie ein Pentagramm zieht und spricht: »Ich salbe dich [bürgerlicher Name] mit Öl und verleihe dir den Namen [Covenname]. «

Die Hohepriesterin salbt als nächstes die Stirn des Kinds mit dem Wein, den ihr der Hohepriester reicht, indem sie das gleiche tut wie zuvor und spricht: »Ich salbe dich [Covenname] mit Wein im Namen des Gehörnten [oder coveninterner Name der männlichen Gottheit]. «

Nun wiederholt sie das Ganze mit Wasser und spricht: »Ich salbe dich [Covenname] mit Wasser im Namen der Großen Göttin [oder coveninterner Name der weiblichen Gottheit]. «

Jetzt überreicht die Hohepriesterin das Kind wieder der Mutter und führt sie zu jedem der
Wachtürme, wobei sie jeweils spricht: »Ihr Herren der Wachtürme des Ostens [Südens, Westens, Nordens], wir bringen euch [Covenname des Kindes], geweiht in diesem Hexenkreis. Er steht unter dem Schutz des Großen Gotts und der Großen Göttin. «

Nun stellen sich Hohepriesterin und Hohepriester mit dem Gesicht zum Altar auf, dazwischen die Mutter mit dem Kind, heben abwechselnd die Arme und sagen:

Hohepriesterin: »Mächtige Große Göttin [oder coveninterner Name der weiblichen Gottheit], verleihe diesem Kind die Gabe der Sanftheit und der Schönheit. «

Hohepriester: »Mächtiger Großer Gott [oder coveninterner Name der männlichen Gottheit], verleihe diesem Kind die Gabe der Stärke und der Ausdauer. «

Hohepriesterin: »Mächtige Große Göttin [oder s.o.], verleihe diesem Kind die Gabe der Liebe und der Anmut. «

Hohepriester. »Mächtiger Großer Gott [oder s.o.], verleihe diesem Kind die Gabe der Weisheit und der Einsicht. «

Jetzt spricht die Hohepriesterin: »Die Große Göttin und der Große Gott haben dieses Kind gesegnet; die Herren der Wachtürme haben es anerkannt; wir haben es als seine Freunde willkommen geheißen. Möge daher das Licht der Sterne mit Wohlwollen sein Schicksal bescheinen. So soll es sein. «

Alle sprechen im Chor: »So soll es sein. «

Die Hohepriesterin fordert die Teilnehmer auf, Platz zu nehmen, kostet zusammen mit dem Hohepriester den geweihten Wein und das Brot und reicht es den anderen wie gewohnt.

Nun beginnt der formlose Teil der Zeremonie: die Geschenke werden geholt, ebenso die Speisen und Getränke, und man geht zur lockeren Feier über.

Einige Hexen ziehen es übrigens vor, beim vorhergehenden Ritual nicht allein die Mutter sondern auch den Vater des Kinds miteinzubeziehen, im Kreis herumzuführen usw. Es kann auch eine Weihung von »Paten« integriert werden, die von Hohepriesterin oder Hohepriester dann namentlich aufgerufen und dazu aufgefordert werden, liebevoll über das Kind zu wachen und ihm dabei zu helfen, der mal einst seinen eigenen Weg zu finden.

TOD: DAS RITUAL DER ABSCHIEDNAHME

Für uns Hexen ist der Tod nichts, was man fürchten müsste: es ist ein Übergang in die Anderswelt, ein Abschied von dieser sterblichen Hülle und der Aufbruch zu neuen Ufern der Erfahrung. Die meisten von uns sind von der Reinkarnation überzeugt, und so erscheint es uns selbstverständlich, dass wir einem Mitglied unserer

Gruppe möglicherweise in einem anderen Leben einmal wiederbegegnen werden.

Das bedeutet freilich nicht, dass wir nicht trauern würden, wenn einer der Unsrigen von uns geht. Doch trauern wir dabei nicht um den Verstorbenen, so wenig wie man um einen Freund trauert, der eine lange Reise antritt — es ist vielmehr die Trauer um unseren eigenen Verlust, die wir bewältigen müssen.

(Die moderne Psychologie spricht ja auch völlig zurecht von Trauerarbeit.) Dies tun wir, indem wir erkennen, dass mit jedem abgeschlossenen Kapitel ein neues beginnt, denn das Leben kennt keinen Stillstand.

Das Ritual

Vorbereitung

Wie es einem Unterweltritual geziemt, werden Kreis und Altar in dunklen Farben geschmückt, z.B. mit Trockenblumen, die der Jahreszeit entsprechen sollten. Nur auf dem Altar steht ein Strauß mit frischen Blüten. Der Kessel ist ebenfalls mit getrockneten Pflanzen geschmückt und mit Brennmaterial gefüllt. Auf dem Altar behemdet sich, falls es zur Verfügung steht, das persönliche Buch der Schatten des oder der Verstorbenen, ebenso eine Ton Figur, die ihn oder sie symbolisiert und mit dem Maß umwickelt ist, dazu ein Hammer.

Hauptteil

Es wird mit dem Grundritual bis zum Hauptteil begonnen, dann stellen sich Hohepriesterin und Hohepriester mit dem Rücken zum Altar vor dem versammelten Coven auf.

Die Hohepriesterin spricht: »Wir haben uns heute in Trauer versammelt. In Trauer, denn [Covenname des oder der Verstorbenen] ist von uns gegangen und hat seine [bei einer Verstorbenen natürlich sinngemäß »ihre«, wie überhaupt im folgenden] sterbliche Hülle verlassen. «

Der Hohepriester spricht: »Wir haben uns heute aber zugleich auch in Freude versammelt.
In Freude, denn [s.o.] ist aufgebrochen zu neuen Ufern und setzt sein Leben nun in der Anderswelt fort. «

Die Hohepriesterin spricht und beginnt dabei mit dem symbolischen Spiraltanz gegen den Sonnenlauf, der Coven tut es ihr gleich, nur der Hohepriester verbleibt am Altar: »Wir nehmen Abschied von dir [s.o.] und flehen den Seien der Göttin und des Gottes auf dich herab. Mögest du Ruhe finden und Rast, bis es an der Zeit ist, da du eine neue sterbliche Hülle anlegst, um einmal mehr wiedergeboren zu werden und die Freuden des Lebens auf Erden zu kosten. Und also weicht die Trauer von uns. «

Der Spiraltanz wird immer lebhafter, während der Hohepriester ruft: »Wir rufen dich, Ama, dunkle unfruchtbare Mutter der Unterwelt. Du, zu der alles Leben zurückkehren muss wie das Wasser in die See. Dunkle Mutter der Ruhe und der dunklen Stille, vor der wir Menschen zittern, da wir dich nicht kennen. Wir rufen dich, die du auch Hekate bist, die finstere Mondin, die Herbe, die scheinbar so Grausame. Alles Leben ist Kommen und Gehen, ist Willkomm und Lebwohl, und da wir dies wissen, wissen wir auch, dass wir dich nicht zu fürchten brauchen, denn dein Schlund ist Verheißung, dein Verlust ist Wiederkehr. Nimm an unseren Bruder [s.o.] und führe ihn wohl in die Anderswelt, Mutter der Weisheit und des Todes, der Leben hervorbringt. «

Der Hohepriester nimmt Ton Figur und Hammer sowie, falls vorhanden, das persönliche
Buch der Schatten des Verstorbenen auf und schreitet damit in die Mitte der Spirale, wo er Ales vor dem Kessel niederlegt. Die Hohepriesterin gibt ein Signal, worauf der Tanz beendet wird und alle sich mit dem Gesicht zum Kessel im Kreis aufstellen. Nun kniet der Hohepriester vor der Ton Figur nieder, während die Hohepriesterin den Kelch vom Altar nimmt und sich neben den Kessel stellt.

Der Hohepriester entzündet das Brennmaterial im Kessel und spricht: » [s.o.], Sohn des Lebens, der du nun deine Reise in die Anderswelt angetreten und Abschied genommen hast von deiner sterblichen Hülle — Lebwohl! « Er zerschmettert die Ton Figur und zerteilt das Maß mit seinem Ataman. Dann erhebt er sich und gibt die Scherben und die Reste des Maßes in den brennenden Kessel.

[Falls das Buch der Schatten des Toten zur Verbrennung bereit steht, hebt der Hohepriester es empor und spricht: »Möge die Weisheit dieses deinen Lebens dich im nächsten und in allen folgenden begleiten. «]

Alle sprechen im Chor: »So soll es sein. «

[Der Hohepriester wirft das Buch der Schatten in die Flammen.]

Der Hohepriester spricht: »Wir rufen dich, Aiman, helle fruchtbare Mutter, Schoß der Wiedergeburt, aus dem alles Leben entspringt wir das Wasser der Quelle. Lichte Mutter der Helle und des freudigen Tanzes der Schöpfung. Wir rufen dich, die du auch Persephone bist, die in die Unterwelt hinabstieg, die wachsende Mondin, die Liebliche, die das Leiden kennt. Nimm an unseren Bruder [s.o.] und führe ihn wohl in die Anderswelt, hinein zu neuer Geburt, zu neuem Leben. Und gewähre ihm, dass er auch in diesem neuen Leben die Liebe findet und den Schutz, wie wir ihn liebte und beschützte in der Not. «

Die Hohepriesterin gießt Wein aus dem Kelch in den Kessel, jedoch ohne das Feuer zu löschen, und spricht dabei: »Ich reinige dich mit den Wassern der Unterwelt und der Wiedergeburt. Ziehe hin in Frieden und erkenne, dass du bist, der du bist. «

Alle sprechen im Chor: »So soll es sein! «

Nachdem das Feuer ausgebrannt ist, wird die Asche von der Hohepriesterin in fließendes
Wasser (vorzugsweise in einen Bach oder einen Fluss) gestreut mit den Worten: »Kehre zurück zu den Elementen, von denen du stammst. «

Damit ist das Ritual der Abschied nähme beendet.

6. Kapitel HEXENZAUBER Die Magie des Hexenkults

Kein Zauberrezept ist wirksam, wenn Imagination und Konzentration der ausübenden Hexe nicht entsprechend entwickelt sind. Nur in einem veränderten Bewusstseinszustand lassen sich die Kräfte der Magie wirklich nutzen, und der Schlüssel zu diesem Bewusstseinszustand ist die magische Trance

Auch das Talent spielt dabei eine gewisse Rolle, die in der magischen Literatur freilich oft überschätzt wird. Nicht jeder Hexenkultanhänger ist auch eine große Zaubern oder ein sehr guter Zauberer. Dennoch lässt sich magisches Talent, und das besitzt jeder Mensch, schulen und üben. Eine »wirkliche« Hexe ist deshalb nach Auffassung vieler von uns nur jemand, der oder die auch über magische Kräfte und Kenntnisse verfügt.

Es folgt nun eine Auswahl magischer Praktiken, wie sie unter Hexen gebräuchlich sind. Wollten wir auch nur annähernd Vollständigkeit erzielen, würde dies mehrere Bücher für sich erfordern, denn die Geschichte der Magie ist so alt wie der Mensch, und so lässt sich diese Disziplin in einem Menschenleben auch niemals erschöpfend meistern.

Wir haben uns hier auf Praktiken beschränkt, wie sie eher für den allgemeinen Hexenkult typisch sind als die stärker hebräisch, kabbalistisch, christlich oder hermetisch orientierten Systeme der Magie zu konzentrieren. Schon im Mittelalter war die Hexe stets ein Vertreter der Volksmagie und arbeitete mit möglichst aufwendigen Mitteln, die sich zudem leichter tarnen und so vor neugierigen Augen verbergen lassen. Ein Küchenmesser oder eine Stricknadel sind eben unauffälliger als Gerätschaften, die aus kostbaren Edelmetallen gefertigt und prunkvoll mit Juwelen und Ornamenten verziert sind. Zudem war der

Hexenkult des Mittelalters, was viel zu wenig beachtet wird, eine Religion der armen Leute. Wer reich werden oder es bleiben wollte, musste sich damals immer auch gut mit der Kirche stehen. Auch die »Buchmalerei« der Kabbalisten und Astrologen blieb nur einer kleinen, hochgebildeten und meist begüterten oder durch Mäzene geförderten Schicht vorbehalten, die des Lesens und Schreibens kundig war.

Das bedeutet jedoch keineswegs, dass die Volksmagie weniger wirksam wäre, im Gegenteil: Weil sie mit schlichteren Mitteln arbeitet, kommt sie auch energetisch meist schneller zur Sache als die aufwendigeren magischen Systeme. Denn nicht auf die Kostbarkeit des Zubehörs und die Komplexität des intellektuellen Zauberstabs kommt es an sondern einzig und allein auf das Können der Hexe selbst. Gute Magier (auch, jene der anderen erwähnten Traditionen) bedienen sich im Ernstfall ausnahmslos der allerschlechtesten Techniken, Mittel und Zutaten. »In der Beschränkung zeigt sich der Meister. «

Die folgenden Ausführungen haben den Charakter von »Rezepten«. Darin folgen wir unserer eigenen Tradition, denn die frühen Hexen— und Zauberbücher haben stets nur solche Rezepturen angeboten. Vergessen Sie über der Lektüre (und Ihrer Praxis) jedoch nie, dass all diese Zauber nur dann wirken können, wenn Sie sich in dem dafür geeigneten Bewusstseinszustand befinden. Dieser lässt sich nicht mit Worten beschreiben, man erreicht ihn jedoch am einfachsten durch das Ritual und durch die Einsendung mit den Göttern, wie wir sie ausführlich beschrieben haben. Flechten Sie diese Zauber also bei Bedarf in unser Grundritual ein, das sich ja, mit entsprechenden Abwandlungen, auch allein durchführen lässt, und nutzen Sie die Energie des Kraftkegels für die magische Arbeit. Und vergessen Sie nie: Es sind immer nur die Götter, die Ihnen als Zaubern oder Zauberer die Kraft verleihen. Sobald Sie diese Tatsache aus den Augen verlieren oder leugnen, werden Sie in der Hexenmagie immer wieder gegen eine Mauer des Misserfolgs und der Enttäuschung laufen, bis Ihr Ego vielleicht schließlich zerbricht und Sie die Wahrheit endlich erkennen

Noch eine technische Einzelheit: Die meisten Zauber beruhen auf dem Prinzip der »Sympathiemagie«. Darunter versteht man das gleichnishafte Tun, das sich aus der Erkenntnis ableitet, dass in unserem Universum alles mit allem in Verbindung steht und dass jedes Teil das Ganze in sich trägt. Wenn wir also ein Foto von einem Menschen vor uns haben, so können wir als Zauberer, den entsprechenden Bewusstseinszustand vorausgesetzt, mit diesem Foto so umgehen als sei es dieser Mensch selbst — und was wir mit dem Bild tun, geschieht auch mit dem Abgebildeten. Dies gilt ebenso für Puppen, die den anderen darstellen, für Gegenstände, die sich lange Zeit in seinem Besitz befanden, ja auch für Haarlocken, Nagelabschnitte, Blutstropfen oder Wäschestücke - die klassischen Utensilien der Sympathiemagie. Ebenso können wir für uns selbst symbolische Handlungen vollziehen, damit diese ran der materiellen Welt Wirklichkeit werden. (Wenn Sie dies an »psychologische« Techniken wie das Positive Denken i.a. erinnern sollte, so bedenken Sie bitte: Es handelt es sich dabei in Wirklichkeit um magische Praktiken, die schon seit Urzeiten in Gebrauch sind, auch wenn ihre Vertreter dies gern leugnen!) Dies gilt es im Auge zu behalten, wenn Sie unsere Anleitungen richtig verstehen wollen.

ZAUBER FUR GESUNDHEIT, LIEBE UND GELD

Wer als Ratsuchender zu einer Hexe kommt, will in den allermeisten Fällen einen Zauber für Gesundheit, für Liebesglück oder für materiellen Wohlstand. Wie immer man auch dazu stehen mag — so ist die Natur des Menschen, und als Hexen müssen wir realistisch bleiben und damit konstruktiv umgehen. Es steht uns nicht an, den Stab über andere zu brechen, und oft genug brauchen wir selbst diese Zauber, um unser Leben so zu gestalten, wie wir es für richtig halten. Als Hexen tun wir auch gut daran, offen und ehrlich mit unseren eigenen Bedürfnissen umzugehen und sie nicht hinter verlogenen

Moralvorstellungen zu verstecken, die wir in Wirklichkeit doch nicht vertreten. Nun, die wenigsten Hexen kennen solche Gewissensbisse, denn unsere Religion macht uns, wie schon mehrfach erwähnt, zu wahrhaft freien Menschen, die nur ihren eigenen Göttern Rechenschaft schuldig sind. Diese Götter aber sind großzügig und duldsam — sie haben nichts mit dem zombigen, eifersüchtigen und humorlosen Gott des Alten Testaments gemein, der das Gottesbild im Abendland auf solch fatale Weise bestimmt hat.

Heilungszauber

Die beste Selbstheilung besteht darin, im Ritual die Kraft der Götter in sich selbst herabzuziehen. Dies kann auch allein, also ohne den Coven, geschehen, sofern man noch stark genug dafür ist. Arbeitet man mit dem Coven zusammen, handelt es sich um eine Gruppenheilung. Dabei lenken Hohepriesterin oder Hohepriester die durch den Coven erzeugte Energie des Kraftkegels mit Stab oder Ataman auf den Patienten, der in der Mitte des Kreises liegt.

Kann der Patient am Ritual des Covens nicht teilnehmen, so lässt sich auch ein Gegenstand mit dieser Kraft laden, der ihm danach übergeben wird. Besonders geeignet dazu sind Bergkristalle, die möglichst rein sein sollten. Die

Größe des Steins ist nicht so wichtig wie seine Reinheit. (Große und augenreine Steine sind sehr teuer!) Der geladene Stein kann, beispielsweise bei einem bettlägerigen Patienten, tagsüber einige Stunden auf die betroffenen Körperstellen gelegt werden, um bei Nacht unter dem Kopfkissen oder unter dem Bett zu liegen und ihn zu bestrahlen.

Mit einem ungeladenen Stern lässt sich auch schädliche Krankheitsenergie abziehen. Dazu legt man eine glatte Steinfläche auf die betroffene Stelle und zieht die Energie imaginativ mit dem Einatmen aus dem Körper in den Stein. Nach einer Weile fühlt sich der Stein sehr heiß oder auch sehr kalt an. Dies ist auch ein ausgezeichnetes Mittel gegen Schmerzen. Die Hexe kann alles allein tun oder es von einer anderen ausführen lassen. Der gesättigte Stein wird unter fließendes kaltes Wasser abgewaschen und dadurch entladen. (Dies gilt sinngemäß für die Entladung aller magischen Gegenstände.)

Eine andere Praktik besteht darin, den Namen der Krankheit oder eine Schilderung der Beschwerden auf ein Papier zu schreiben und im Ritualfeuer zu verbrennen. Stattdessen kann das Papier auch in der Erde vergraben oder in einen Fluss oder Bach geworfen werden.

Etwas schwieriger ist die Fernheilung von Menschen, die man nicht persönlich kennt. Dazu bedarf es mindestens eines Gegenstands, der in engem Kontakt (möglichst auch körperlich) zum Betreffenden gestanden hat; vorzuziehen sind Haarlocken, Nagelabschnitte, Blut, Schweiß— oder Schnupftücher sowie alles andere, was persönliche Körperexkrete des Patienten enthält. Die meisten Hexen gehen allerdings mit der Zeit und bedienen sich guter, deutlicher Fotografien, die nicht zu alt seine sollten. Mit diesen Gegenständen wird ebenso verfahren, als wären sie der Patient selbst — was ja magisch gesehen auch tatsächlich der Fall ist! Nicht eingehen können wir hier leider auf den unter Hexen weitverbreiteten Gebrauch von Kräutern, da dieses Thema so umfangreich ist, dass es dafür zahlreicher eigener Bücher bedürfte.

Glücklicherweise sind eine Menge sehr guter brauchbarer Werke über Kräuterkunde auf dem Markt erhältlich, so dass dieser Mangel hier nicht weiter ins Gewicht fällt.

Wichtig ist bei jeder Heilung, sich der Tatsache bewusst zu sein, dass nicht die Hexe selbst es ist, die heilt— vielmehr sind es die Götter, deren Kraft sich überträgt und verlorengegangene Harmonie wiederherstellt. Ist sich die Hexe dessen ständig bewusst, so vermeidet sie auch die sonst bei der Geistheilung so häufig zu beobachtende Übertragung der Krankheit, bei der der Patient geheilt und gesund nachhause geht, die Heilerin oder der Heiler aber plötzlich seine Beschwerden bekommen. Das hat nichts mit bakterieller Ansteckung zu tun sondern ist ein feinstoffliches Phänomen.

Es ist zwar meist nicht so tragisch, weil die Übertragung nur kurze Zeit (meistens ein paar Tage) vorhält, doch ist es gewiss nicht der Sinn der Sache, und auch eine kurze Zeit der energetisch übertragenen Krankheit kann sehr unangenehm sein. Unnötig ist es auf alle Fälle, man braucht nur das oben Gesagte zu beherzigen.

Liebeszauber

Es wird immer wieder davor gewarnt, dass Liebeszauber am stärksten auf jenen zu wirken pflegen, der sie verhängt. Das ist auch nicht weiter verwunderlich, denn man arbeitet dabei im Prinzip mit der eigenen Liebesenergie

Wer einen Liebeszauber durchführt oder den einer anderen Hexe in Anspruch nimmt, sollte sich vorher sehr genau überlegen, was er damit tut. Die meisten Liebeszauber sind gezielt auf einen bestimmten Wunschpartner gerichtet, und das ist sehr problematisch. Man sollte sich beispielsweise fragen, ob man den anderen denn tatsächlich haben will, wenn er nur durch den Zwang der Magie zu gewinnen ist. Zudem erschafft man mit solchen Zaubern zwar Bindung, nicht aber unbedingt »Liebe«. Nur zu oft spürt das Opfer unbewusst, dass es manipuliert wurde und wird, und da man Gefühle nicht erzwingen kann — auch nicht durch Hexerei! —, kommt es zu Ausbruchversuchen oder zu selbstzerfleischenden Streitereien, die den anderen, der den Zauber durchführte oder durchführen ließ, schon bald den Sinn der ganzen Operation in Frage stellen lassen. Und da seine Bindung durch den Zauber ebenfalls gestärkt wurde, fühlt er sich schnell wie in einem Gefängnis, ganz so als wäre er in seine eigene Falle gelaufen was ja auch ein zutreffendes Bild ist.

Solche Magie sollte man richtiger als »Bindungszauber« bezeichnen, denn darauf läuft sie fast immer hinaus. (Spöttische Hexen sprechen in diesem Zusammenhang gern von »magischen Rohrkrepierern« ...) Sinnvoller ist es da schon, einen Zauber durchzuführen, der ganz allgemein zu einer Liebesbeziehung (oder zu mehreren) führt. Dann ist man nicht auf eine bestimmte Person fixiert und stellt statt dessen einen allgemeinen Sog her, der sehr anziehend auf das andere Geschlecht wirkt. Weibliche Hexen werden dazu möglichst häufig die Große Göttin in ihrem Aspekt als Liebesgöttin (etwa Venus, Astarte oder Isis) anrufen, männliche dagegen den Großen Gott in seinem phallischen Aspekt des Pan, des Dionysos oder des Bacchus. Geschehen diese Anrufungen über einige Zeit täglich, erzeugt dies meist den gewünschten Sog. Das sollte die Hexe jedoch macht daran hindern, sich auch im normalen Alltagsbewußtsein nach Partnern umzusehen — auch

Kontaktanzeigen sind keineswegs nicht tabu, sie werden dadurch nur erheblich mehr Erfolg haben!

Es lässt sich auch ein Liebestalisman im Ritual laden, indem die Energie der Gruppe und/oder der gerufenen Gottheiten mit dem Ataman in einen Gegenstand geleitet wird. Solche Talismane werden gern aus Kupfer angefertigt, da dieses Metall dem Planeten Venus zugeschrieben wird. Allerdings arbeiten nicht alle Hexen mit den astrologischen Entsprechungen; man kann auch andere Substanzen verwenden, die der entsprechenden Gottheit heidi~ sind. Auch »flüssige« Talismane werden zu diesem Zweck geladen und aufgenommen, dabei handelt es sich um die sogenannten Liebestränke. Diese bestehen nämlich keineswegs immer, wie oft geglaubt wird, aus aperiodischen Mitteln. (Die Kunst, richtiges Aphrodisiakum herzustellen, ist eine ganze Wissenschaft für sich und kann hier ebenso wenig abgehandelt werden wie die Kräuterkunde.) Es kommt bei ihnen vielmehr auf die richtige feinstoffliche Energieladung an.

Geladene Liebestalismane werden auch angefertigt, wenn der Zauber für einen anderen (Freundin, Freund, Ratsuchender usw.) gedacht ist.

Wer unsere Ermahnungen nicht beherzigen mag und es doch darauf abgesehen hat, einen bestimmten Liebs Partner an sich zu binden, der versuche es mit folgendem

Rezept: Die Hexe fertigt ein Herz aus Wachs an. (Es kann rotgefärbtes Wachs sein oder reines Bienenwachs.) In dieses Herz ritzt sie den Namen der Zielperson. Dann knetet sie das Herz kräftig und sagt dabei: »Schmachten sollst du nach mir! Dein Herz schmerzt, weh! bist du nur fern von mir! « Es müssen nicht dieselben Worte sein, ja es ist sogar vorzuziehen, eigene Formulierungen zu gebrauchen. Dieser Vorgang wird über mehrere Tage oder Wochen wiederholt, bis der gewünschte Erfolg eintritt. Anstelle eines Wachsherzens kann auch ein eigens dafür gebackenes Brot verwendet werden.

Eine andere Praktik, die sich zudem besonders dafür eignet, zwischen zwei anderen Menschen eine Liebesbindung herzustellen (etwa im Auftrag eines Ratsuchenden), besteht darin, von jedem der beiden Partner eine etwa handgroße Wachspuppe anzufertigen. Diese sollte, wie schon beim Heilzauber beschrieben, möglichst mit Körpersekreten o.ä. der Betreffenden versehen werden, die man bei der Herstellung der Puppe ins Wachs einkneten kann. Stattdessen oder auch als Ergänzung dazu lässt sich auch ein aktuelles Foto (Gesichtsaufnahme) als Gesicht in die Puppe integrieren. Die beiden Puppen werden nun verbunden, indem man sie mit kleinen Stricken aneinander fesselt. Man kann sie auch an den Seiten zusammenschmelzen, während man entsprechende, selbstformulierte Formeln murmelt. (Das

Murmeln sollte nicht zu laut sein, da »dunkles Raunen« wesentlich magischer wirkt, was durchaus wörtlich gemeint ist.)

Geldzauber

Liebe und Geld regieren die Welt — und so folgt nun nach den Liebeszaubern die Geldmagie. Grundsätzlich muss man sich über sein eigenes Verhältnis zum Geld im Klaren sein, bevor man sich an Geldzauber wagen kann. Es genügt nicht, einfach nur Geld zu brauchen — wer täte das nicht? Es gibt nämlich in der Regel eine ganze Reihe guter Gründe, weshalb man kein Geld hat, und die allermeisten davon haben mit unserem Unwillen zu tun, in Geld mehr zu sehen als ein bloßes Mittel zum Zweck. Unsere Kultur jagt zwar dem Geld nach wie verrückt, ja alles dreht sich um diese Geld Hatz, andererseits verachtet sie es aber. So baut man das Geld zu einem Popanz auf und spricht ihm viel mehr Wichtigkeit zu, als ihm tatsächlich zusteht. Es wird zur Fessel, anstatt uns frei zu machen — immer ein gefährlicher Akt destruktiver Magie. Hat man als Hexe erst einmal erkannt, inwieweit man vielleicht ein schlechtes Gewissen beim Gedanken an Geldbesitz entwickelt, oder wie sehr man es bisher verachtet hat, so lösen sich eine Großzahl Geldprobleme wie von allein. Verweigert man jedoch diesen Bewußtwerdungsprozeß, so nützen einem auch die machtvollsten Zauber nur wenig—dann kommt das Geld vielleicht mal kurz vorbei, macht aber schnell wieder kehrt, wenn es unser finsteres Gesicht erblickt! Dennoch gibt es natürlich auch eine Reihe von Zaubern, mit deren Hilfe Hexen sich selbst und anderen über geldliche Engpässe hinweghelfen können. (Beachten Sie bitte, dass wir nicht davon sprechen. dass es mit unserer Zauberei zwangsläufig gelingen muss, aus dem ärmsten Schlucker einen Millionär zu machen!) Grundsätzlich geht es den meisten von uns ja eher um »Reichtum« als um Geld, vielleicht wollen wir aber auch nur endlich mal ohne ständige Sorgen finanziell über die Runden kommen. Wieder sind es die Götter, die uns dabei helfen. Im Ritual können wir sie unter ihrem Spenderaspekt anrufen und sie darum bitten, uns das Gewünschte zu gewähren. Angesichts des schlechten Verhältnisses, das die meisten Menschen — auch viele von uns Hexen— zum Geld haben, ist dies sicherlich die vernünftigste Vorgehensweise. Dann können wir es nämlich auch guten Gewissens annehmen, wenn es tatsächlich eintrifft.

Auch Geldtalismane für uns selbst oder andere können im Ritual geladen werden, wiederum durch die Energieübertragung mit dem Ataman.

Ein recht moderner, aber sehr wirkungsvoller Zauber besteht darin, mit dem Geld zu sprechen und es wie einen lieben Freund zu behandeln. Man sollte Scheine streicheln und Münzen zärtlich zwischen den Fingern bewegen. Die Hexe kann das Geld beim Ausgeben einladen, bald wiederzukommen und seine Geschwister mitzubringen. Gerade in Zeiten der Geldnot sollte man besonders großzügig sein, beispielsweise mit Trinkgeldern. Dadurch durchbricht man den Wahn, »arm« zu sein, der immer eine Mission ist, auch dann noch, wenn das eigene Bankkonto nur gähnende Leere aufweist — denn der wahre Reichtum liegt im Inneren. (Reich ist, wer stets so viel hat, wie er wirklich braucht.) Hilfreich ist es auch, eine möglichst große Banknote am Badezimmerspiegel zu befestigen, wo man sie täglich sieht. Und schließlich muss die Hexe wissen, dass das Geld in größeren Mengen nur selten »bar« zu uns kommt. Wer also eigentlich ein Auto braucht oder Seide für eine Robe, der sollte lieber direkt für diese Gegenstände zaubern anstatt für die zu ihrem Erwerb erforderlich Summe. Das ist in der Regel viel erfolgreicher.

SCHADENSZAUBER

Wir Hexen Memmen, dass jeder Mensch zu seiner eigenen Ethik finden sollte, die ihm persönlich von den Göttern offenbart wird. Es ist sinnlos, sich sklavisch an irgendwelche moralischen Regeln zu halten, nur weil diese einem einst von Eltern, Lehrern, Gesellschaft und Pfarrern eingebläut wurden. Erstens kann es durchaus dem eigenen Wahren Willen entsprechen, sich eher den dunklen Seiten der Magie zu widmen, und zweitens gibt es kaum etwas Gefährlicheres als eine bigotte Moral, an die sich doch niemand hält, wenn man mal genauer hinter den äußeren Schein blickt. Die wenigsten Hexen führen unbedacht, grundlos oder gar aus schierer Zerstörungslust einen Schadenszauber durch. Dazu ist der erforderliche Aufwand zu groß, denn diese Praktiken erfordern noch viel mehr Intensität als die anderen, die wir bereits beschrieben haben. Schließlich eignet jedem Menschen ein starker, unbewusster Selbsterhaltungstrieb, und diesen zu durchbrechen, um ihm Schaden zuzufügen' kostet sehr viel Energie.

Doch kommt es immer wieder vor, dass ehe Hexe sich dazu gezwungen sieht, sich dieser Zauber zu bedienen. Sei es, dass sie angegriffen wird, sei es das Freunde oder Ratsuchende in entsprechende Schwierigkeiten geraten, sei es aber auch, dass sie keine andere Möglichkeit mehr hat, ein angestrebtes Ziel zu erreichen. Deshalb wollen wir hier auch einige klassische Praktiken aufführen.

Der Böse Blick

Der Böse Blick (auch malocchio genannt) ist nach dem Hexenbesen das wohl bekannteste Attribut der »klassischen« Hexe. Er wird vom Polarkreis bis Sizilien im Volksglauben stark gefürchtet, nicht ganz zu Unrecht. Die Praxis vieler Hexen, durch starke Blickkonzentration und Innenschau (Meditation) die für ihre Arbeit erforderliche Trance zu erreichen, führt oft zu einem recht stechend wirkenden Blick, der an sich noch völlig harmlos ist.

Allerdings sind auch Techniken bekannt, mit deren Hilfe Hexen über den Bösen Blick Zauber übertragen und andere Menschen beeinflussen können. Dies erfordert jedoch eine Menge Konzentration und magisches Können und wird aufgrund des damit verbundenen großen Kraftaufwands nur selten eingesetzt.

Will man selbst den Bösen Blick praktizieren, so muss man über Monate und Jahre hinweg das völlig reglose Anstarren von Gegenständen für lange Zeit (von fünfzehn Minuten am Anfang bis schließlich zu mehreren Stunden pro Sitzung) üben. Damit einher geht eine, intensive Konzentration und Atembeobachtung. Ferner geübt werden müssen das spasmische Übertragen von Energien (z.B. durch Kampfschreie, die schließlich mit zunehmender Praxis nur noch stumm eingesetzt werden) und eine extreme

Selbstbeherrschung auch in Situation großer gefühlsmäßiger Aufgewühltheit (z.B. bei Wut oder Angst). Diese Anforderungen erklären wohin auch, weshalb nur die wenigsten Hexen die Technik des Bösen Blicks, jemals meistern, und selbst dann gelingt es ihnen in der Regel erst im hohen Alter. Der Böse Blick richtet sich meistens nicht auf das Auge des

Opfers sondern vielmehr auf die Stelle direkt zwischen den Augen (Nasenwurzel). Dieses Starren kann den anderen auch ohne große vorhergehende Praxis schon stark verunsichern und dadurch für eine feinstoffliche Beeinflussung empfänglich machen.

Der wirkungsvollste Schutz vor dem Bösen Blick besteht darin:

a) nicht an ihn zu glauben und sich dadurch vor seiner feinstofflichen Beeinflussungunbewußt abzuschotten;

b) entschlossen zu erwidern, wodurch sich die jeweiligen Energien meist aufheben;

c) entsprechend geladene Schutzamulette zu tragen; oder

d) mit einer wirksamen Schutzglyphe, z.B. dem Pentagramm zu kontern, wobei dem allerdings schon einiges an Praxis vorausgehen muss.

Weniger bekannt ist unter Nichthexen übrigens die Tatsache, dass durch diesen Blick auch Heilungsenergie übertragen, unruhige Patienten (z.B. Geistesgestörte), wilde Tiere und so weiter besänftigt werden können. Er wird also keineswegs nur destruktiv eingesetzt, weshalb die Bezeichnung »böse« auch nicht völlig zutrifft.

Puppenzauber

Wir haben die Puppenmagie bereits beim Liebeszauber kennengelernt. Im Allgemeinen wird sie nur mit dem haitianischen Voodoo—Kult in Verbindung gebracht. In Wirklichkeit ist die Praktik jedoch schon im Europa des Mittelalters bei Hexen nachgewiesen. Es ist sogar wahrscheinlich, dass der Voodoo sie vom Hexenkult übernommen hat, denn aufgrund der kolonialen Situation Haitis verschmolzen viele europäische Elemente mit afrikanischen, und so entstand die Mischform Voodoo. Noch heute pflegen viele Voodoo—Priester bestimmte altfranzösische Zauberbücher zu lesen und aus ihnen zu rezitieren.

Die Puppe muss nicht aus Wachs sein, sie wird auch aus Holz oder Lumpen gefertigt, auch Lederpuppen sind häufig im Gebrauch. Da sie das Opfer darstellt, wird mit ihr so verfahren, wie man es mit dem Menschen selbst täte, wenn er dafür nur zur Verfügung stünde. In der Regel wird sie gezielt gestochen. Dies geschieht mit Nadeln, die man unter gemurmelten Flüchen in Kopf, Herz, Eingeweide und Genitalien bohrt oder an beliebige andere Stellen, wo es das Opfer trifft soll. Dies geschieht übrigens nur in den seltensten Fällen, um den Tod des Opfers herbeizuführen, denn die Todesmagie ist vielleicht die schwierigste Magie überhaupt, und auf sie wollen wir hier nicht näher eingehen.

Mit Hilfe des Puppenzaubers werden Krankheiten angehext, geistige Verwirrung wird gestiftet, Unfälle werden magisch »arrangiert« und was der Möglichkeiten mehr sind. Puppen lassen sich fesseln, um ein Gefühl der Beklemmung zu erzeugen, sie können geprügelt und gegart werden

Allerdings wissen nur wenige, dass der Puppenzauber keineswegs ausschließlich zum Schaden der Zielperson angewandt wird. Einige moderne Hexen stechen beispielsweise die Puppen von Patienten, um damit astrale Fernakupunktur zu Heilungszwecken durchzuführen, was äußerst wirksam ist. Auch hier hat also jedes Ding zwei Seiten.

KNOTENZAUBER

Zauberknoten gab es schon in uralter Zeit, und sie stellen eine wichtige Hexenpraktik dar. Als Ornamente findet man sie auf vielen alten magischen Schmuckstücken, auf Gebäuden, Wappen und anderem. Das Prinzip des Zauberknotens beruht auf dem Hineinbannen magischer Energien in ein Stück Kordel oder Strick. Viele Coven kennen dafür ihre eigenen Spezialknoten, die streng geheim gehalten werden, doch lässt sich im Prinzip jeder beliebige Knoten verwenden, wenn nur der magische Bewusstseinszustand bei der Ladung der richtige ist.

Der Gebrauch der Zauberknoten ist auf kein bestimmtes Gebiet beschränkt: man kann sie für Liebes— und Heilungszauber ebenso verwenden wie für die Geldmagie oder zum Angriff. Der Knoten wird wirksam, wenn er später wieder geöffnet wird — es handelt sich also um »Einmalzauber«, die nach der Aktivierung ihre Wirkung verlieren. Finnische Hexen pflegten früher Windknoten an Seeleute zu verkaufen, und tatsächlich lässt sich jede Elementenergie in einem Knoten einfangen. Solche Zauber können sehr lange Zeit gelagert werden, so dass man sich auch entsprechende Vorräte anlegen kann. Besonders gern werden Zauberknoten bei der Wettermagie angewandt.

Arbeitet die Hexe allein, bereitet sie den Strick vor, indem sie den Knoten legt, ihn aber noch nicht festzurrt. Auf dem

Höhepunkt des Rituals lenkt die Hexe ihre gesamte Konzentration auf ihr magisches Vorhaben und zieht den Knoten ruckartig zu.

Arbeitet der Coven zusammen, so können mehrere lange Seile in der Mitte so miteinander verschnürt werden, dass eine »Spinne« entsteht, von der jeder ein Ende in die Hand nimmt. Mit seinem Seilabschnitt verfährt er wie oben beschrieben, bereitet also den Knoten vor. Nun beginnt ein möglichst wilder Kreistanz, der solange fortgesetzt wird, bis die Teilnehmer nach und nach erschöpft zu Boden sinken und im Fallen ihre jeweiligen Knoten ruckartig festziehen.

Manche Hexen benutzen farbige Schnüre, die unterschiedlichen Zwecken dienen. Schwarze Kordeln wären beispielsweise für Angriffs— oder Schadenszauber gedacht, weiße für Heilungszauber, gelbe für Geldmagie, rote für Liebesmagie und so weiter.

ASTRALWANDERN

Schamanen sind nicht zuletzt dadurch gekennzeichnet, dass sie häufig Geistreisen unternehmen, sei es, um sich neues Wissen anzueignen, sei es auch, um verschollene Seelen von Patienten wiederzuholen, um sich Kräfte und Wesenheiten aus der Unter— und Oberwelt zu Diensten zu machen oder um sich mit anderen Schamanen in Trance zu treffen und zu beraten. Letzteres ist besonders dann sinnvoll, wenn aufgrund großer geographischer Trennung keine andere Möglichkeit der sofortigen Kontaktaufnahme besteht. (Schließlich ist die Zauberei älter als das Telefon!)

Dies gilt ebenso für die Hexe. In Hexenprozessen und bei der »Peinlichen Befragung« durch die Inquisition tauchte immer wieder die Frage nach »Flugreisen« auf, welche die Hexe angeblich unternommen hatte. Das Bild von der auf ihrem Besenstiel Nachtens durch die Lüfte sausenden Hexe, das wir noch heute kennen, beruht tatsächlich auf der Fähigkeit der Hexe zum Körperaustritt. Dabei verlässt das Bewusstsein den physischen Körper und nimmt einen feinstofflichen an, den sogenannten »Astralleib«. Mit diesem kann die Hexe sich in Gedankenschnelle an jeden beliebigen Ort bewegen, ob es nun in der normalen oder der Alltagswelt sein mag. Die Astralreise wird zu den schon beschriebenen Zwecken durchgeführt, aber auch, um beispielsweise einen fernen Kranken aufzusuchen und ihn auf der Astralebene zu behandeln.

Es gibt kein Patentrezept, um das Astralreisen zu erlernen. Je nach Begabung kann es mehrere Jahrzehnte oder auch nur wenige Wochen dauern, bis die Hexe den Austritt willentlich vollziehen kann. (Ungewollt findet er manchmal auch bei Nichthexen bei plötzlichen Schocks, Unfällen oder beim Einsetzen des klinischen Tods statt.) Meist wird er in der Form geübt, dass die Hexe in entspanntem Zustand, gern auch kurz vor dem Einschlafen, einen Körperaustritt imaginiert. Dies tut sie regelmäßig so lange, bis schließlich der gewünschte Erfolg eintritt. Geübte Covens praktizieren dies auch in der Gruppe und halten so einen »astralen Sabbat« beziehungsweise Esbats ab.

Vom Gebrauch der berüchtigten Figuralen ist Unkundigen dringend abzuraten! Diese Salben enthalten stark halluzinogene Substanzen (Tollkirsche, Stechapfel, Bilsenkraut, Fliegenpilz, Krötensekrete), deren Besitz und Gebrauch nicht nur strafrechtlich verfolgt wird, sondern die vor allem in der falschen Dosis tödlich wirken können. Auf die Schleimhäute aufgetragen (von weiblichen Hexen früher im unbekleideten Zustand mit Hilfe des mit der Salbe bestrichenen Besens, auf dem »geritten« würde), erzeugen sie das Gefühl des Körperaustritts und ermöglichen den Astralflug. Es gibt zahlreiche Rezepte für Flugsalben, doch gelten sie allesamt als äußerst gefährlich und wird nur noch selten angewandt.

DIVINATION

Die Zukunftsschau oder das Hellsehen gehört zu den klassischen Zauberfähigkeiten der Hexe. Ein ebenso klassisches Zubehör dafür ist die Kristallkugel. Dabei handelt es sich jedoch nur in den seltensten Fällen um eine Kugel aus echtem Bergkristall sondern vielmehr um eine preiswerte Glaskugel, die allerdings möglichst rein sein sollte. Sie ist fast immer durchsichtig und klar, nur sehr selten werden schwarz gefärbte Kugeln verwendet.

Das Prinzip des Gebrauchs der Kristallkugel ist denkbar einfach: Die Hexe meditiert über eine Frage und starrt daraufhin solange in die Kugel, bis sie in dieser Bilder erkennt, die als Antworten ausgewertet werden. So einfach auch die Technik, so schwierig ist doch die Kunst selbst. Es bedarf eines großen Gespürs, um aus der Flut der Bilder die richtigen herauszuziehen und korrekt zu mterpretieren. Dies ist eine Frage des Talents und der Erfahrung. Anstelle von Glaskugeln wurden früher sehr häufig auch gefüllte Kelche oder Becher benutzt, Ölschalen, Spiegel und alles, was glänzte und den Blick fesselte.

Auch das Kartenlegen zählt zur Hexenkunst. Die meisten modernen Hexen arbeiten mit Tarot Karten, doch gibt es immer noch viele, die gewöhnliche Spielkarten verwenden. Zu diesem Thema gibt es eine Vielzahl guter Bücher im Handel, so dass wir nicht näher darauf eingehen wollen. Dies gilt auch für die zahllosen anderen Orakelsysteme, mit denen die Zukunft befragt werden kann.

Damit soll unser kleiner Abriss der Zauberei, wie sie von Hexen praktiziert wird, enden. Es gäbe noch viele Techniken und Disziplinen zu erwähnen, und zum Teil haben wir sie im Anhang in der Rubrik »Kleines Hexen— ABC« aufgeführt.

NACH WORT

Nun haben wir dargestellt, was wir vom Hexenkult im Rahmen der uns vorgegebenen Grenzen (Seitenzahl beziehungsweise Umfang des Buchs) für erwähnenswert hielten. Mag sein, dass manche Hexen mit unseren Ausführungen nicht immer einverstanden sind, aber wir haben uns doch bemüht, eine Art »kleinsten gemeinsamen Nenner« des so vielfältigen Hexenkults zu formulieren, mit dem die allermeisten heutigen Hexen übereinstimmen können.

Vieles musste allerdings ungesagt bleiben. Nicht etwa, weil wir, wie in früheren Zeiten üblich. »unsägliche Geheimnisse« zu hüten hätten, sondern weil unser Kult vor allem praktisch orientiert ist und sich sehr viele Erfahrungen und Erlebnisse sprachlich nicht mitteilen lassen. Misstrauen Sie allen Esoterikern (auch Hexen!), die vorgeben, im Besitz solcher Geheimnisse zu sein! In Wirklichkeit gibt es auch im Hexenkult nur wenig, was nicht schon in der einen oder anderen Form woanders in der Literatur erwähnt worden wäre.

Dennoch sind wir wahre Hüter der Mysterien. Aber diese Mysterien offenbaren sich immer nur ganz persönlich und nur durch die Erfahrung selbst. Diese Erfahrungsdimension kann langen jedoch kein noch so umfangreiches Buch bieten. Sie erschließen sie sich vielmehr nur durch die Tat selbst, durch das Erlebnis der Götter und ihrer Macht!

Wir, die Autorinnen und Autoren dieses Buchs, haben getan, was wir für richtig und nötig hielten. Aus den bereits geschilderten Gründen möchten wir anonym bleiben und werden uns nun, da unser Werk vollendet ist, wieder unserer eigenen Arbeit widmen. Wir bitten daher, von Versuchen der Kontaktaufnahme (etwa über den Verlag) abzusehen — das Buch muss für sich selbst sprechen, weitere Hilfestellungen können und werden wir nicht geben. Unser Kreis ist klein und überschaubar, und so soll es auch bleiben. Haben Sie also bitte Verständnis dafür, dass wir keine Anfragen beantworten werden. Jeder von uns muss seinen eigenen Weg finden, und dem einen wird es leichter fallen als dem anderen, doch schließlich wird ein jeder erhalten, was er braucht und was er verdient hat — so wollen es die Götter.

Sollten Sie bei der Suche nach praktizierenden Hexen (und keine anderen dürfen Sie ersehnen!) auf Schwierigkeiten stoßen, so bedenken Sie bitte stets, dass dies gerade am Anfang ganz normal ist: die Götter machen es einem eben nicht leichter als erforderlich! Wer aber zu den Ihren gehört, den werden sie auch zur rechten Zeit

rufen. Es gibt keine Zufälle! Ohnehin werden Sie irgendwann — vielleicht erst Jahre später — zu der Erkenntnis gelangen, dass nicht Sie den Kult gesucht haben, sondern der Kult vielmehr Sie

SCHÜTZT DIE MYSTERIEN - OFFENBART SIE
UNENTWEGT!
(Überlasst das besser Tegtmeier, denn der macht fette
Kohle damit)

KLEINES HEXEN-ABC

Die wichtigsten Begriffe aus dem Hexenkult in Stichworten

Anmerkung: Durch den großen Einfluss vor allem des englischen (z.T. auch des amerikanischen) Wicca auch auf den deutschsprachigen Hexenkult haben sich unter Hexen zahlreiche englische Ausdrücke eingebürgert, die hier ebenfalls erläutert werden.

Alexandrinas Wicca—Richtung in der Tradition des englischen »Hexenkönigs« Alex Sanders, der überwiegend Ende der sechziger bis Anfang der siebziger Jahre ans Licht der Öffentlichkeit trat. (—> Gardnerians)

Allerheiligen (1.11.), Jahresfest, bei dem der Umzug der Toten und das Umherziehen des Gotts oder der Göttin durch Wälder und über die Dächer gefeiert werden, Totenfest. Die Bezeichnung »Allerheiligen« ist der christliche Name für das keltische Samhain.

Alraune Eine seit alters her bekannte magische Pflanze (Mandragora) die (ähnlich wie die asiatische Ginseng Wurzel) oft einer Menschengestalt gleicht und als typische

»Hexenpflanze« gilt. Abgesehen von ihren halluzinogenen Bestandteilen, die sie zur Verwendung als Zauberdroge prädestinierten, wurde und wird die Alraune auch häufig beim Puppenzauber (—*) anstelle einer Wachs— oder Lumpenpuppe verwendet.

Alte Religion Die heidnische Religion Europas vor dem Aufkommen des Christentums.
Der Hexenkult versteht sich als Erbe und Fortsetzung dieser Alten Religion.

Amulett Mit Hilfe der Magie (-4) geladenes Kraftobjekt, das im Gegensatz zum Talisman (—>) gegen eine bestimmte Situation, ein Ereignis usw. geladen wird (z.B. gegen Erkrankung, Geldverlust usw.).

Astarte Assyrische Mondgöttin (Ursprung. Ishtar); einer der Namen der Großen Göttin (— >).

Ataman [auch, engl.: Adame] Das (gelegen. auch: der) Ataman ist der schwarze Dolch der Hexe, mit dem die magischen Kreise gezogen und Geister im Zaun gehalten und gebannt werden usw. Viele Hexen arbeiten zusätzlich mit einem weißen Dolch (-4 Dolch, weißer). In diesem Fall dient der schwarze Ataman den konstruktiven, »weißen« Arbeiten.

Anderswelt Die »andere Welt« der Magie und der Zauber, die Welt der Götter und Geister. In sie dringt die Hexe durch ihre Praxis ein, um mit ihr zu kommunizieren und sich ihrer Kräfte und Weisheit zu bedienen. Nach dem Tod geht die Seele nach Auffassung der meisten Hexen in diese Anderswelt über (die viele Namen haben kann, jedoch nicht mit dem christlichen Jenseits verwechselt werden darf). Die praktizierende lebende Hexe erfährt die Anderswelt nicht als einen Ort sondern als Zustand, vor allem in der rituellen Trance(−*).

Beltane [auch: Bealtaine] keltische Bezeichnung für Walpurgis (−~).

Böser Blick Nach dem Hexenbesen (−>) wohl das bekannteste Attribut der »klassischen« Hexe. Im Volksglauben vom Polarkreis bis Sizilien stark gefürchtet. Die Praxis vieler Hexen, durch starke Blickkonzentration und Innenschau (Meditation) die für ihre Arbeit erforderliche Trance (−*) zu erreichen, führt oft zu einem recht stechend wirkenden Blick, mit dem unter bestimmten Voraussetzungen allerdings tatsächlich auch Willensenergie auf einen anderen Menschen übertragen und dieser beeinflusst werden kann.

Brocken [auch: Blocksberg] Der berühmte Berg im Harzgebirge war früher Treffpunkt vieler Hexen und ist es noch heute. Vor allem zu Walpurgis (−*) fanden und finden dort Rituale statt, aber auch manch anderer Sabbat

(-4). Einen »Blocksberg« gibt es allerdings auch in vielen anderen Gegenden, etwa in Pommern oder in Schweden (der »Bouclé«). Für viele heutige Hexen ist der Blocksberg zu einer mystischen Größe geworden, oft wird er zum »astralen Sabbat« aufgesucht.

Buch der Schatten Das »Zauberbuch« einer jeden Hexe, in dem Rituale, wichtige Formeln, Anrufungstexte usw. festgehalten werden. Auch einzelne Coven **(-.*)** können ein eigenes Buch der Schatten haben. (Manche Hexenkulttraditionen sagen, dass sie im Besitz eines »uralten, seit Jahrhunderten überlieferten« Buchs der Schatten seien, die meisten dieser Bücher werden auch streng geheim gehalten.) Die Bezeichnung Buch der Schatten leitet sich von der Auffassung ab, dass die darin enthaltenen Aufzeichnungen nur ein profanes Schattenabbild der Realität der Anderswelt sein können. Nach dem Tod der Hexe soll ihr persönliches Buch der Schatten verbrannt werden.

Coven Gruppe praktizierender Hexen, die in der Regel die Zahl 13 nicht übersteigen soll. Der Coven wird geleitet von Hohepriesterin und Hohepriester **(—>)** und ist von anderen Gruppen völlig unabhängig. Jeder Coven entwickelt seine eigenen Traditionen und Regeln.

Diana Römische Mondgöttin, bei den Griechen: Artemis. Berühmt war ihr Tempel zu Ephesus, eines der sieben klassischen Weltwunder. Galt auch als Göttin der Jagd und als »Hexenkönigin«. Einer der zahlreichen Namen der Großen Göttin (—*) im Hexenkult. (— ~, dänische Hexen)

Dianische Hexen Anhänger (meist ausschließlich weiblich) der Diana (—*) innerhalb des Hexenkults, die allein mit dem weiblichen Gottheitsprinzip arbeiten, dies allerdings prinzipiell und— bzw. über—geschlechtlich begreifen.

Dolch, weißer Rirualwaffe, vor allem für destruktive, »schwarze« Arbeiten verwendet wird wie etwa beim Schadenszauber (—.* Ataman).

Einweihung Die rituelle Aufnahme in den Hexenkult, meist in einen Coven (—*). Manche Richtungen des Hexenkults (z.B. das -4 Seax Wicca) vertreten auch das Prinzip der rituellen Selbsteinweihung.

Elemente Die vier Elemente Erde, Wasser, Feuer und Luft galten schon in der Antike als Urkräfte allen Seins. Wenngleich sie in der Alten Religion (—*), soviel wir wissen, nicht ausdrücklich so benannt wurden, finden sich ihre Struktur doch weltweit in fast allen Kultformen wieder. Im heutigen Hexenkult werden die Elemente oft im Ritual (-4) angerufen, und man arbeitet mit ihren

Energien. Grob gesagt steht das Element Erde dabei für alles Feststoffliche und Konkrete (also auch für das Maren Elle), das Element Wasser für das Fließende und Wandelbare (also auch für das Emotionale), das Element Feuer für das Energetische und Verzehrende (also auch für das Triebhafte) und das Element Luft für das Bewegliche und Kommunikative (also auch für das Intellektuelle). Die Hüter der Elemente (auch »Wächter der Tore«) werden personifiziert und rituell um Hilfe angegangen. In späterer Zeit kam, vor allem unter dem Einfluss der Alchemie, ein fünftes Element hinzu, der Geist oder die Quintessenz, das, wie die Bezeichnung bereits nahelegt, für das Geistige und Prinzipielle steht. Graphisches Symbol dieser fünf Elemente ist das Pentagramm (—>).

Erntedank (21.9.), Jahresfest der Erntefeier, noch heute in ländlichen Gebieten auch von Nichthexen gefeiert. Zugleich die Herbsttagundnachtgleiche.

Esbats Rituelle Zusammenkunft eines Covens, in der Regel zu Vollmond, was pro Kalenderjahr dreizehn Mal der Fall ist. Das Wort soll vom altfranzösischen s'esbattre, »sich vergnügen, feiern« abstammen. Außer den Esbats werden regelmäßig auch die Jahresfeste **(-4)** begangen, die sogenannten Sabbate **(—*)**.

Familiär(geist) Eine der auffälligsten Gemeinsamkeiten zwischen Schamanismus **(—>)** und Hexenkult ist bei der

Arbeit mit Tierenergien. Hexen wurden oft in Begleitung von Haustieren dargestellt (man denke an die berüchtigte »schwarze Katze«). Das Familiär ist ein Hilfsgeist, der sich oft in Tiergestalt manifestiert bzw. ein Haustier als Vehikel benutzt. Es diente Hexe sowohl als Helfer auf der astralen Ebene der Anderswelt **(-4)** wie auch als Bote und Überträger magischer Energien. Nicht nur Katzen, auch Hunde und manche Vogelarten eignen sich als hochsensible Vehikel für Familigeister.

Fliegenpilz Inzwischen gilt der Fliegenpilz als allgemeines Glückssymbol, früher war er jedoch eines der typischen Hexenaccessoires. Im englischen Volksmund wird er noch heute als toadstool (»Hexenschemel«) bezeichnet, was auf seine halluzinogenen Eigenschaften zurückzuführen ist. Wegen dieser wurde er häufig für die Herstellung von Flugsalben **(—>)** mitverwendet.

Fluch Zu den Fähigkeiten einer jeden Hexe gehört es seit alters her, Flüche zu verhängen. Diese können sich gegen Menschen, aber auch gegen Tiere, Pflanzen oder Gebäude sowie —je nach magischer Kraft der Hexe — gegen ganze Landstriche richten. Beim magischen Fluch wird, meist mit Hilfe der Sympathiemagie **(—)** Schadensenergie auf das Zielobjekt bzw. die Zielperson übertragen **(—>** Puppenzauber). Die Kunst der Fluch Verhängung spielte eine wichtige Rolle bei kriegerischen

Auseinandersetzungen mit feindlich gesinnten Gemeinschaften, führte andererseits aber dazu, dass die Hexe auch in ihrer eigenen Gemeinschaft immer gefürchtet blieb, was sie stets anfällig für Verfolgung machte.

Flugsalbe Salbe aus unterschiedlichen halluzinogenen Substanzen (vor allem Nachtschattengewächse wie Belladonna, Stechapfel usw.), die für die Astralreise der Hexen z.B. beim Sabbat **(-4)** aufgetragen wurde, meist auf die Schleimhäute. Es gibt zahlreiche verschiedene Rezepturen für die Herstellung von Flugsalben, doch gelten sie allgemein als sehr gefährlich und wird heute nur noch selten verwendet. (—> Fliegenpilz, Kröte)

Frühjahrstagundnachtgleiche (2 1.3.), Jahresfest, bei dem die Geburt der Welt durch die Göttin gefeiert wird.

Gardnerians Wicca(—*)—Richtung in der Tradition des englischen Eingeweihten und
Hexers Gerald Brosseau Gardner, der wesentlich zur Popularität des modernen Wicca— Kults beitrug. **(-4 Alexandrinas)**

Gehörnter Gott Der Gehörnte ist die große männliche Gottheit des Hexenkults und der
Alten Religion (—) . Er steht für das phallische, zeugende Prinzip der Männlichkeit und wird meist unter dem Namen Pan **(-4)** angerufen. Weitere Namen sind:

Pangenitor, Panphag~, Cernunnos, Atho u.a. Vom Christentum fälschlich gleichgesetzt mit dem Teufel (−), was der »Verteufelung« des vorchristlichen Heidentums diente. Schon in urgeschichtlicher Zeit wurde der Gehörnte Gott verehrt, und Schamanen wie Zauberer bedienen sich bis in unsere Zeit ritueller Geweihmasken und verkörpern in Trance den Gehörnten.

Grade Nicht alle Richtungen innerhalb des Hexenkults kennen ein Gradsystem. Wo dies der Fall ist, unterscheidet man in den 1. und den 2. Grad. Der 1. Grad ist die Initiation (− Einweihung) bzw. die Aufnahme in den Hexenkult als Priestern bzw. Priester. Der 2. Grad wird von der Hohepriesterin/dem Hohepriester verliehen, wenn der Kandidat seine Qualifikation nachgewiesen hat. Sie/er wird damit selbst zur Hohepriesterin/zum Hohe Nester (-4). Oft wird fälschlicherweise auch von einem »3. Grad« gesprochen; gemeint ist damit der Große Ritus (−), der jedoch tatsächlich kein eigener Grad ist und von Hexen aller Grade vollzogen werden kann.

Große Göttin Große Mutter Der weibliche Gegenpart zum und Gemahlin des Großen Gotts (-4) bzw. des Gehörnten Gotts (−), häufig als Form der Mondgöttin verstanden. Allgemein wird die Große Göttin aber auch als »Himmelsgöttin« und Große er au gefasst, und viele Hexen (auch männliche) sprechen ihr ein größeres Gewicht zu als der männlichen Gottheit, wenngleich beide prinzipiell gleichwertig sein sollen. Die Große Göttin wird unter zahlreichen verschiedenen Namen verehrt (—* Astarte, Diana, Hekate, Inanna, Isis, Kali, Lilith, Mondin).

Großer Gott Der männliche Gegenpol zur und Gemahl der Großen Göttin (—), meistens als Form des Sonnengotts (—>Osiris) verstanden. Er verkörpert die Zeugungskraft der Sonne, die im Zusammenspiel mit der Mutter Erde die Ernte hervorbringt. In der Regel sprechen Hexen allerdings eher vom Gehörnten Gott (-4).

Großer Ritus Die Vereinigung von Gott und Göttin, stellvertretend von Hohepriesterin und
Hohepriester (-4) vollzogen, entweder geschlechtlich oder in symbolischer Form, in Anwesenheit des Covens (-4) oder allein. Der Große Ritus stellt die Verschmelzung der Polaritäten dar, Nacht und Tag vereinen sich miteinander, Leben und Tod, Männlich und Weiblich, und werden auf diese Weise zu einer höheren Einheit, die weitaus mehr ist als die bloße Summe ihrer Teile. Er dient einerseits der mystischen Erfahrung, andererseits wirkt er kraftspendend und wird auch durchgeführt, um die Fruchtbarkeit des Bodens und reiche Ernte zu fördern. So ist er sexualmystisch und —magisch zugleich. Dabei kommt es freilich nicht auf den körperlichen Vollzug an: Viele Hexen

ziehen es vor, den Großen Ritus rein symbolisch (durch die Vereinigung von Dolch und Kelch) zu begehen.

Halloween angelsächsische Alternativbezeichnung für Samhain bzw. Allerheiligen (—>).

Handfasting Dieses englische Wort bedeutet »das Zusammenschießen der Hände«. Dabei handelt es sich um eine Hochzeitszeremonie unter Hexen, die von dem Coven (-4) abgehalten wird, dem sie angehören. Die Hexen Ehe kann auch im gegenseitigen Einvernehmen wieder aufgelöst werden, besteht also nicht notgedrungen bis zum physischen Tod der Beteiligten.

Hekate Griechische Unterweltsgöttin, einer der zahlreichen Namen der Großen Göttin im Hexenkult. Hekate steht für die dunklen Aspekte der Göttin und wird u.a. auch mit Lilith (—) gleichgesetzt.

Herbsttagundnachtgleiche Alternativbezeichnung für Erntedank (—).

Hereditäres Hexen, meist im Kult des Wicca (-4) so bezeichnet, die aus einer eigenen
Familientradition stammen und keiner der anderen Richtungen angehören. (Das englische hereditär bedeutet »überliefert, erblich«, man könnte also von »erblichen

Hexen« sprechen.) Oft bezeichnen sich die Hereditäres auch als »traditional Witches« (= »traditionelle Hexen«).

Hexe Praktizierende(r) Angehörige(r) des Hexenkults, ob mit oder ohne formelle Einweihung, innerhalb einer Tradition stehend oder in Alleinregie arbeitend. Die meisten Hexen streben die Arbeit in einem Goven (-4) an, doch gibt es auch zahlreiche Einzelgänger unter ihnen.

Hexenbesen Das wohl berüchtigtste Utensil der Hexen. Tatsächlich arbeiten jedoch nicht alle heutigen Hexen mehr damit. Der Hexenbesen war ursprünglich ein Phallussymbol, das teilweise auch zum Auftragen der Flugsalbe (—*) sowie für sympathiemagische Fruchtbarkeitsrituale autoerotischer Art verwendet wurde.

Hexensabbat — Sabbat

Hohepriester / Hohepriesterin Das Ritual (—) wird im Hexenkult von Hohepriester und
Hohepriesterin geleitet. Dies ist zunächst nur ein rein funktionales Amt und kann prinzipiell von jedem Mitglied eines Covens (—) wahrgenommen werden. Allerdings wird auch der Coven selbst in der Regel von Hohepriester und Hohepriesterin (bei manchen Coven: von der Hohepriesterin allem) geleitet, die auch die Einweihungen durchführen. Außerdem gibt es in vielen Hexentraditionen

den 2. Grad, dessen Inhaber sich als »Hohepriester / Hohepriesterin« bezeichnen dürfen. (— Grade)

Imbolg [auch: Imbolc] keltische Bezeichnung für Lichtmess (—*).

Inanna sumerische Form der Großen Göttin (-4) und einer ihrer zahlreichen Namen im heutigen Hexenkult.

Invokation Anrufung einer Gottheit und Aufnahme ihrer Kraft durch den Anrufenden. Bei der Arbeit im Coven (—) ist dies in der Regel der Hohepriesterin (Invokation des Großen Gotts) und/oder die Hohepriesterin (Invokation der Großen Göttin).

Isis altägyptische Form der Großen Göttin (—) und einer ihrer zahlreichen Namen im heutigen Hexenkult. Isis ist gleichzeitig Mondgöttin und Schwester sowie Gemahlin des Sonnengotts Osiris

Jahresfeste Die acht Stationen des Jahres, die heiligen Feste oder großen Sabbate (-4
Sabbat) der Hexen. (— Allerheiligen, Ernte dank, Frühjahrstagundnachtgleiche, Julfest, Lamas, Lichtungen, Mittsommer, Walpurgis)

Julfest (22.12.), Jahresfest, bei dem die Geburt des Sonnengotts gefeiert wird.

Kali Indische Göttin, die den Danaiden Aspekt des Weiblichen verkörpert. Ein Name der Großen Göttin

Kelch Ritualgegenstand, der das Element Wasser symbolisiert. (-4 Elemente)

Kessel Der berühmte »Hexenkessel« war seit alters her ein Ritualgegenstand des Hexenkults, der sowohl symbolische als auch große praktische Bedeutung hatte. Er ist ein Sinnbild des Todes und der Wiedergeburt, gleichzeitig dient er als Werkzeug: in ihm werden Absude gebraut, und beim Ritual steht er oft in der Kreismitte und wird entsprechend der Zeremonie geschmückt Der »Sprung über den Kessel« fördert die Fruchtbarkeit.

Knotenzauber Oft wird die magische Energie, meist in Form einer gewaltigen Anstrengung, in einen Knoten »gebannt«, d.h. in ihm festgehalten, um bei seiner Lösung wieder zu entweichen. (— Wettermagie)

Kreis, magischer Als Symbol der Unendlichkeit stellt der Kreis (oft auch Schutzkreis genannt) den örtlichen und zeitlichen Rahmen, die Umgrenzung des Rituals (—>) dar. Beim Ritual findet in der Regel alles Kultische innerhalb des Kreises statt, der nach Beginn der Kulthandlung auch bis zum Schluss nicht mehr verlassen werden darf, um die energetische Harmonie nicht zu stören. Somit dient er zugleich als Symbol der Konzentration und der Abgrenzung gegen störende Außeneinflüsse.

Kröte Die Kröte gilt neben der schwarzen Katze (— Familiär) als typisches Begleittier der Hexe. Im Gegensatz zu dieser wurde sie jedoch meist aus einem anderem Grund von ihr geschätzt, da sich nämlich hinter den Augen bestimmter Krötenarten stark bufoteninhaltige (halluzinogene) Drüsen befinden, die für die Herstellung von Flugsalben (—>) verwendet wurden.

Lamas (1.8.), Jahresfest, bei dem das Opfer des Lichts Görts gefeiert wird (Baldurs Ermordung).

Lichtmess (1.2.), Jahresfest, bei dem der Sieg des Lichts gefeiert wird (Thor erschlägt den Eisriesen).

Lilith Althebräische Form der Großen Göttin (—~) und einer ihrer zahlreichen Namen im heutigen Hexenkult. Lilith stellt den dunklen Aspekt des Weiblichen dar und galt in der hebräischen Mythologie als Adams »Nacht—« bzw. »Schattenfrau« vor der Erschaffung Evas.

Lughnasadh keltische Bezeichnung für Lamas (—*).

Magie Die Kunst, sich der verborgenen feinstofflichen Kräfte der Natur zu bedienen, um damit Einfluss auf das eigene Schicksal und das anderer zu nehmen. Die Magie kennt viele verschiedene Richtungen, der Hexenkult wendet meist die sogenannte Volksmagie an. (-4 Zauber)

Maßnehmen Bei der Einweihung in einen Coven () wird mit Hilfe eines Stricks das Körpermaß des Kandidaten genommen. Dieser Strick geht in den Besitz des Covens über und wird bei Tod oder Ausschluss des Mitglieds verbrannt.

Mittsommer (21.6.) Jahresfest, bei dem der Höhepunkt des Sommers gefeiert wird.

Mondin Der Mond Kult spielt im Hexentum eine herausragende Rolle. Die Treffen der
Covens (-4) finden meistens zu Voll— oder Neumond statt. Zwar verkörpern Himmelsgöttin oder Große Göttin (—*) nicht allein das Mondprinzip (eher müsste man es umgekehrt sehen), dennoch kommt der Mondin als Inbegriff aller weiblichen Energien eine außerordentlich große Bedeutung zu.

Naturgeister Die Arbeit mit Naturgeistern (auch »die kleinen Leute« genannt) ist Bestandteil jeder Naturmagie und somit auch des Hexenkults. Kobolde, Trolle, Salamander, Sylphen, Nymphen, Feen — sie alle werden von der Hexe nicht ins Reich der
Märchen verbannt; vielmehr können sie von ihr im entsprechenden Bewusstseinszustand **(4 Trance)**

wahrgenommen werden, und die Hexe weiß auch mit ihnen zu kommunizieren.

Osiris Altägyptischer Sonnengott (-4 Isis), einer der zahlreichen Namen des Großen
Gotts (—> Isis) **im** Hexenkult. Er verkörpert zugleich Zeugungskraft, Tod und Wiedergeburt.

Pan Arkadischer Naturgott, eine satyrhafte Gestalt, der für die Freude am Leben im Allgemeinen und für die Zeugungsfähigkeit im Besonderen stand. Das griechische Wort Pan bedeutet »alles«, und so wurde Pan im Hexenkult zur Verkörperung der männlichen Allgottheit in Gestalt des Gehörnten Gotts (—*). Das Christentum nahm Pan zum Vorbild des Teufels (—*) und behauptete fälschlich, vor allem in den Zeiten der Inquisition, dass es sich bei Hexen um »Teufelsanbeter« handele.

Pentagrammen Altes magisches Schutz— und Zauberzeichen, das sich bis in die Steinzeit zurückverfolgen lässt. Es ist unter anderem unter der Bezeichnung »Drudenfuß, Fünf zack, u.a. « bekannt. Es stellt auch den (vollendeten) Menschen in aufrechter Stellung mit ausgebreiteten Armen dar, wie im berühmten »Goldenen Schnitt« von Leonardo da Vinci. Im Hexenkult steht es meist, wie in der traditionellen Magie auch, vor allem als Zeichen magisches Schutzes und als Symbol der fünf feinstofflichen Elemente (—*) **im** Vordergrund.

Pentakel Magisch geladenes Kraftobjekt mit unterschiedlichen Funktionen. Stärker zeremonialmagisch (—Zeremonialmagie) ausgerichtete Hexen benutzen das Pentakel sowohl als symbolisches Ritualinstrument des Elements Erde (— Elemente) wie auch als symbolischen Seelenspiegel. Häufig werden auch Amulette (—) und Talismane (-4) während der Ladung auf das Pentakel gelegt, was ihre Kraft verstärken hilft.

Puppenzauber Das Stechen von Puppen (meist aus Wachs, Lumpen oder Holz), die ein »Opfer« darstellen sollen, wird allgemein meist nur mit dem haitianischen Voodoo—Kult in Verbindung gebracht. Tatsächlich ist diese Praktik jedoch schon im Europa des Mittelalters nachgewiesen und wird auch heute noch von Hexen angewandt, übrigens auch zu Heilungszwecken.

Ritual Kulthandlung, die mystischen oder auch magischen Zwecken dienen kann. Oft sind Rituale eine dramaturgische Darstellung bestimmter Mythen (z.B. Tod und Wiederauferstehung des Sonnengotts, Vereinigung der polaren weiblichen und männlichen Gottheiten usw.), vergleichbar den antiken und mittelalterlichen Mysterien. Rituale gehören zu den ältesten religiös—magischen Ausdrucksformen der Menschheit.

Robe Kleidungsstück, das beim Ritual (—*) getragen wird, sofern die Hexe(n) nicht Skylab (—*) arbeiten; es dient dem magischen Schutz und symbolisiert zugleich das Abstreifen der Alltagsidentität sowie den Eintritt in die Anderswelt (—>). Die Robe weist einen Kuttenschniu auf und besteht in der Regel aus Naturfasern, vorzugsweise Seide. Ihre Farbe ist meistens schwarz, häufig wird jedoch auch mit weißen oder andersfarbigen Roben gearbeitet.

Sabbat Ein Hexenfest. Man unterscheidet allgemein in »Große Sabbate« und »Kleine Sabbate«. Die Großen Sabbate fallen auf die vier keltischen Vegetationsfeste Samhain (1.11.), Imbolg (1.2.), Beltane (1.5.) und Lughnasadh (1.8.), die Kleinen Sabbate dagegen auf die vier Sonnenfeste, also die Sonnenwenden (ca. 22.12. u. 21.6.) und die Tagundnachtgleichen (ca. 21.9. u. 21.3) (—* Jahresfeste). Der »Astrale Sabbat« dagegen ist eine Bezeichnung für eine Hexenzusammenkunft auf der feinstofflichen Astralebene (-4 Brocken, Esbats).

Sani Hain keltische Bezeichnung für Allerheiligen (—).

Schamanismus Naturnahes System der Heiler, Priester und Zauberer (z.B. »Medizinmänner/—Frauen«, »Hexendoktoren«, »Weise Frauen« usw.), meistens bei Naturvölkern (Stammesgesellschaften) zu finden. Mit Hilfe von Trancereisen und offenbartem Wissen, Kräuterkunde und Zauberei erfüllen Schamanen und Schamaninnen, modern ausgedrückt, gleichzeitig die Funktionen von Arzt, Psychotherapeut, Seelsorger und

Wissenschaftler. Das Alter des Schamanismus wird von Ethnologen und Anthropologen auf mindestens 60.000 Jahre geschätzt. Der Hexenkult stellt ein Überbleibsel und eine Weiterentwicklung des europäischen Schamanismus dar, der durch die Christianisierung fast völlig ausgerottet wurde.

Schwert Ritualwaffe, die das Element Luft symbolisiert. (- 4 Elemente)

Seax Wicca Neugründung innerhalb des angloamerikanischen Wicca-(—)Kults durch Raymond Buck Land, die sich auf den altsächsischen Hexenkult konzentriert.

Skylla engl. für »mit dem Himmelskleid angetan«, also »nackt«; viele — aber nicht alle — Hexen ziehen es vor, unbekleidet zu arbeiten, sofern die örtlichen und klimatischen Verhältnisse dies zulassen. durch das Ablegen der profanen Kleidung wird die Alltagspersönlichkeit abgestreift und der Übergang in die Anderswelt (—>) wird erleichtert.

Talisman Mit Hilfe der Magie (—) geladenes Kraftobjekt, das im Gegensatz zum Amulett
(—*) für eine bestimmte Situation, ein Ereignis usw. geladen wird (z.B. für Gesundheit, Geldzuwachs usw.).

Tanitha Keltische Bezeichnung der Großen Göttin **(-4)**, verwandt mit der phönizischen Göttin Tanta.

Trance Die kontrollierte Trance ist das Tor zu magischen Fähigkeiten und zu den Kräften der Anderswelt **(—)**. In diesem veränderten Bewusstseinszustand wird es möglich, die feinstoffiichen Energien wahrzunehmen, mit dem magischen Willen zu imprägnieren und sie zu lenken. Vor allem in der Trance sprechen die Götter zur Hexe.

Teufel Der Hexenkult selbst kennt keinen Teufel. Stattdessen hat jedoch das Christentum den Gehörnten Gott **(—)** der Hexen, den satyrhaften Pan **(—>)** zur Teufelsfigur hochstilisiert. Daher auch die Gestalt des Teufels mit dem Bocks fuß, seine Gleichsetzung mit sexueller Ausschweifung usw. Durch die Gleichsetzung des Gehörnten Gotts mit dem Teufel war es der Inquisition später ein Leichtes, alle Hexen (oder Menschen, die man für solche hielt) zu »Teufelsanbetern «abzustempeln.

Volksmagie Im Gegensatz zur äußerst aufwendigen sogenannten »Buchmagie« (etwa der Kabbala oder der Hermetik) die Magie **(-4)** der einfachen Menschen, die meist mit schlichten Rezepturen und Alltagsgegenständen arbeitet, zudem diese wesentlich unauffälliger sind. **(-4 Zeremonialmagie)**

Walpurgis (1.5.), Jahresfest, bei dem die Vermählung von Gott und Göttin gefeiert wird. Vor allem das Fest des Gehörnten Gotts (-4). Walpurgis wurde früher vorzugsweise auf dem Brocken (-4) begangen. eine Tradition, die heute wieder auflebt.

Wetterzauber Aufgabe der Hexe in Ackerbaugesellschaften war und ist es oft, das Wetter günstig zu beeinflussen, um eine gute Ernte und dadurch das Überleben der Gemeinschaft zu garantieren. Zu diesem Zweck wurden und werden vor allem Regenzauber durchgeführt. Andererseits wurde das Wetter auch zu anderen Zwecken beeinflusst: So weiß man von englischen Hexen, die mit Hilfe eines Sturmzaubers die spanische Armada von ihrem Kurs abbrachten und dadurch die Insel vor einer Invasion bewahrten. Im 17. Jahrhundert pflegten finnische Hexen den Seeleuten »Windknoten« zu verkaufen, die ihnen gute Fahrt bei Windflaute sichern sollten. (—* Knotenzauber, —* Schamanismus)

Wicca Ursprünglich speziell englische Richtung des Hexenkults, die erst nach dem Zweiten Weltkrieg weite Bevölkerungsschichten erfasste.

Witch Englische Bezeichnung für »Hexe«, die inzwischen auch im Deutschen gebräuchlich geworden Ist.

Zauber Angewandte Magie **(-4)**, meist erfolgsorientiert. Das Verhängen oder Ausführen eines Zaubers gehörte seit Urzeiten zu den Aufgaben der Hexe. **(-4** Puppenzauber, Wetterzauber, Zaubersprüche)

Zaubersprüche Gesprochene Formeln, mit deren Hilfe Magie **(-4)** betrieben und Zauber **(—)** verhängt werden. Es gibt eine Reihe überlieferter Zaubersprüche, bei den allermeisten handelt es sich jedoch um persönliche Offenbarungen, die nur für die jeweilige Hexe wirksam sind.

Zeremonialmagie Westliches System formalisierten magischen Arbeitens im Ritual **(-4)** mit starken kabbalistischen und astrologischen Einflüssen. Die Beziehungen zwischen Hexenkult und Zeremonialmagie sind eher lockerer Art, da Hexen im Allgemeinen vorzugsweise mit der Volksmagie **(-4)** arbeiten.